Was bleibt ist die Erinnerung an Dich

Für meinen Liebsten
für Lutz

… es werden Zeiten kommen,
an dem die Strahlen der Sonne
den düsteren Horizont durchbrechen,
die Sonne aufsteigt
und wieder
in vollem Glanz erstrahlt…

Luise Grande

Inselparadies

Gedichte

Bibliografische Information der Deutschen Nationalbibliothek
Die deutsche Nationalbibliothek verzeichnet
diese Publikation in der deutschen Nationalbibliografie.
Detaillierte bibliografische Daten sind im Internet unter
http://dnb.de abrufbar

2. geänderte Auflage 2020

1. Auflage 2019
Inselparadies
Covergestaltung: Luise Grande
Herstellung und Verlag BoD
BoD-Books on Demand Norderstedt

ISBN: 9783752858600

Dieses Buch ist eine Zeitreise ...

...in eine Welt voller Traurigkeit und Liebe, voller
Schatten und Licht. Während dieser Reise vollzog sich
in mir ein Prozess des Wandels in dem Bestreben nach
Glück und neuer Perspektiven.
Viele Situationen werden aufgezeigt, die von der Vielfalt
des Lebens und der Schönheit der Natur berichten.
Dieses Buch ist ein Liebeszeugnis aus Tagen, die schön
waren und zugleich oft schwer.
Es führt durch eine Welt der Gegensätze, erzählt von
Sehnsüchten, aber auch der Sucht mit ihren fatalen
Folgen.
Dieser Gedichtband handelt von Liebe, Zärtlichkeit,
Träumen, Melancholie und der Vergänglichkeit
des Lebens.

Luise Grande

INHALT

Inselparadies I

Weißt Du noch?
Wie schön es war
einst auf der Insel,
gemalt in sattem Grün.

Die Maler, der Frühling –
Und wir, Du und ich –
und ein Lächeln
huschte über dein Gesicht.

Mit der Fähre fuhren wir –
voller Freude und Glück übern See;
Waren von Leichtigkeit beseelt,
und uns so nah hier.

Auf der Insel, am Liepnitzsee[1],
deinem Lieblingssee –
wartete auf uns das Paradies auf Erden.
So glücklich und entflammt
ja, wenn wir uns liebten,
war Sehnsucht uns in die Haut gebrannt.

Wie zwei Königskinder –
nah beianander und nie getrennt –
Wir hatten zu essen genug,
waren von der Natur beschenkt.

Durst und Hunger gestillt.
Der Wald voller Pilze,
die wuchsen so wild.
In den Bäumen flogen
Vögel von Ast zu Ast.

Du liebtest die Insel so sehr;
wie die Weite und die Natur –
die endlos weckten dein Begehr.

So gab die Insel alles her,
was das Herz gesucht –
Doch ein schmerzvoller Fluch
hat uns getrennt.
Die große Liebe uns nicht mehr kennt.

Das Herz schlug so sehr,
es pochte wie wild.
Voller Freude hüpfte es umso mehr.
Ein Blitzen in den Augen,
aber Traurigkeit im Gesicht –
So standst Du vor mir,
doch schautest Du hindurch durch mich.

Die leuchtenden Farben des Frühlings –
sie blieben nicht,
verließen unser Glück.
Was bleibt, ist des Alltags Grau
und meine riesige Sehnsucht nach Dir.

Sehnen nach dem Sommergarten

Wie ein Roboter lauf ich hin und her,
auf der Couch Du einsam saßest.
Das Atmen fiel Dir lang schon schwer,
bis zu dem Moment, als Du es vergaßest.

Deine Haut war kalt und starr das Gesicht,
warst so allein, es störte Dich nicht.
Um Dich schwirrte ein Vöglein.
Es sang ein so trauriges Liedlein,
So stimmt die Gitarre mit ein –
und ihrer Brust entrinnt ein schmerzlicher Schrei.

Das Vöglein, so weiß sein Gefieder,
ich seh es schluchzen, es weint so leis.
Auf Zehenspitzen ich durchs Zimmer schleich,
komme zu Dir und meine Hand Dich streicht.
Bin erstarrt, erkenne mich selbst nicht wieder.

Sehe einen Hauch davon nun schweben,
fliegt in einen neues schöneres Leben.
Will Dich noch einholen, muss mich sputen,
doch voller Schmerz will mir das Herz verbluten.
Am Fenster wachsen noch Blumen und Tomaten,
das letzte Zeugnis – Dein Sehnen nach dem
Sommergarten.

Bye bye my Love[2], bye bye Lutzi

Das Telefon klingelt immer wieder,
doch Du nimmst nicht ab.
Unheilvolle Stille am anderen Ende.
Es scheint, als sei es Dir egal,
was mit Dir passiert.

Du hattest Humor, Glück und Leichtigkeit,
bis Dich auffraß der Alkohol.
Du vergaßest Dich selbst und auch dein
Wohl –
Aber er macht sich breit, gewinnt an immer
mehr Kraft,
Du versuchtest zu lassen diesen unbändigen
Drang
nach immer mehr.

Du strauchelst und Du denkst –
Du schaffst es.
Aber Du schaffst es einfach nicht –
es ist eine Sucht und es ist wie ein Fluch.

Du hast **Sehnsucht** nach einem Traum,
der so alt ist wie die Welt und willst glücklich
sein;
aber Du bist allein und Du weinst.
Du weinst um Mutter und Vater
und Frauen, die kein Glück Dir brachten
und stattdessen das Herz Dir brachen.

Und Du hast **Sehnsucht – Sehnsucht** nach
Liebe, Kraft und Achtung.
Und Du träumst, dass Dir wachsen Flügel,

die Dich lassen fliegen zu den Sternen
und zur Sonne mit ihren Strahlen –
Dich zu wärmen
vom eisig kalten Wind,
der Dir ins Gesicht haucht.

Er lässt Dich frieren,
komm Kätzchen wärme ihn –
und schmieg Dich an ihn und schnurr,
gib ihm etwas von deiner Zufriedenheit
und verlass ihn nicht.

Aber Du warst von allen verlassen,
warst allein mit deinem Schmerz –
das Herz, das so groß war –
noch schlug es und leise pochte es.

Und das Telefon klingelt immer wieder,
doch Du nimmst nicht ab.
Unheilvolle Stille am anderen Ende.
Es scheint, als sei es Dir egal,
was mit mir passiert.

Das Laken ist weiß –
und der Himmel so dunkel.
Das helle Licht, das schien durchs Fenster hinein –
ist jetzt fort.

Dunkle Wolken am Firmament – es stürmt.
Der Wind nun wird zum Orkan.
Es blitzt, es donnert, Regen prasselt herab.

Die Vögel, die zwitscherten – flohen unters Dach.
Draußen sieht's plötzlich aus wie finstere Nacht.
Blitze zucken am Himmel, keine Sonne scheint herein.
Da – plötzlich – der Atem steht still.

Es ist vollkommen ruhig – der Himmel erhellt
ein Sonnenstrahl durchs Fenster fällt.
Die Vögel, die zwitschern – ganz leise ist's jetzt.

Als Du fortgingst, starb in mir
die letzte Hoffnung auf ein Wiedersehen.
Du gingst fort, ließt mich nun ganz allein,
für alle Zeit. Und ich fühle großen Schmerz.

Der Körper erhebt sich, die Seele entflieht,
entflieht zu einem besseren Leben.
Es ist schön dort und Liebe ist da.
Sonnig, Licht durchflutet und hell und friedlich.

Die Seele entflieht durchs Fenster hinaus.
Steigt zum Himmel hinauf –
der Wind trägt sie fort.
Sanft und langsam steigt sie auf.
Verhüllt, nicht sichtbar und doch da.

Du meine Erinnerung

Kann mit niemanden die Erinnerung teilen,
alle, die ich anspreche, meiden –
Gespräche über Dich.
Fühle mich so schlecht,
wem mache ich es recht?
Niemand will hinabsteigen
in die dunklen Kammern.

An Erinnerungen festzuhalten,
gelebte gemeinsame alte Zeiten.
Waren sie erträglich oder eher kläglich?
Von beiden gab es Momente hier.
Liebevoll oder auch lieblos.
Suche umsonst Freude und Trost.

Ja, von wem auch?
Wenn man sich unverstanden fühlt,
aufdringlich und immer gleiches mich aufwühlt.
Traurig würd' ich mich gern selbst auffangen
Und entführen in ein schönes Traumreich.
Wenn sich die Türen öffnen gleich.
um sich wieder dann zu verschließen,
blieb ich hinter ihnen versteckt.

Vergrabe mein Gesicht ins Kissen
Und meine Tränen werden wissen.
Sie sind willkommen hier,
müssen sich nicht mehr verstecken
vor eindringlichen, verständnislosen Blicken.
Muss nicht immer erst fragen:
„Darf ich oder darf ich nicht?"

Schließlich kann ich nur verzagen,
und muss mir selbst nun sagen:
„Alle Erinnerungen bleiben in mir drinnen,
weil mich niemand versteht."
Salzige Tränen über mein Gesicht rinnen;
Und so geh ich allein
meinen langen, einsamen Weg."

Du liebtest mich

Ich spüre ganz deutlich
doch viel zu spät,
dass Du mich liebtest –
so, wie ich Dich auch –
Das, was nun übrig ist,
ist ein Hauch
des Atems,
der Dir eigen war.

Er steht nun still.
Aber ich will –
ja ich will Dich retten,
mit all' meiner Kraft.

Doch es ist zu spät,
der Zeiger der Uhr
sich nicht mehr bewegt.
Die Zeit steht still
und auch,
wenn ich es so sehr will,
abgelaufen ist die Uhr –
und der Lauf der Zeit –
uns für immer von einander trennt.

Liebesmund

Alles Leben ist so schwer,
ausruhn' kannst Dich noch im Grabe,
wenn Dich nicht mehr trägt die Korsage,
wenn nichts mehr schmerzt und kneift und zwickt,
Du Dich dann nicht mehr fühlst bedrückt.

Wenn dein Weg liegt lang zurück,
er wird lang und immer länger
und die Kragen immer enger.
Wenn Du meinst, es geht nicht schlimmer,
gibt's einen Ausweg, doch der ist für immer.

Fliegst den Himmel hoch hinauf,
hältst die Augen nicht mehr auf.
Wollen sich für immer verschließen,
spät das neue Leben begrüßen.

Wirst begrüßt von engelsgleichen,
die Dich empfangen, dein Herz erweichen.
Tun jetzt auf den Liebesmund,
küssen Dich, tun ihre Liebe kund.

Ich schrieb

Ich schrieb, bis ich leer war.
Schwieg, wenn ich dir fern war.
Stieg auf zum Mond,
der leuchtete über Bäume und kront
auf dem Dach der Hütte,
am so idyllischen Strand von Vitte[3].
Sing, du Fischerstrand,
schwing dich du weites Meeresland.
Und die Muscheln, die ich fand,
bring mir, sammle sie im Herzen,
was wild schlug und liebte,
bis seine Spur im Sande versiegte.
Zärtlich rieselt Sand über deinen Körper.
Meine Hand berührt die deine.
Ich seh' dich an und weine,
bittere Tränen, weil ich traurig bin.
Meine Lippen schmecken die salzigen Zähren.
Alles, was ich weiß – mein Sehnen,
holt mich ein.

Meine Liebe

Meine Liebe schreibt
nicht mehr, nicht mehr;
Meine Liebe atmet
nicht mehr, nicht mehr;
Aber sie bleibt.
Sie ruht still und neigt
ihr Haupt in mein Herz.
Mein Herz, es schlägt,
wie laut, wie wild
und dieser Januar ist so mild,
wie kein anderer in Jahren davor.
Trotz alledem
oder gerade deswegen
ich so unheimlich fror,
weil ich für immer meine Liebe verlor.
Meine Liebe schreibt
nicht mehr, nicht mehr;
Meine Liebe atmet
nicht mehr, nicht mehr.

Sehnsucht nach weißen Wolken

Von nebenan hör ich Klänge,
wie von einem Stimmband
einer Balalaika, Mandoline oder Gitarre.
Leise und zart,
sich mir diese klangvolle Spiel offenbart,
in meine Gefühlswelt dringt.
Gespannt lausche ich,
bin verzaubert wie ein Kind.
Wünsche mir, dass es nie wieder aufhört,
dieses leise Klingen,
das sanft tönende Band,
das irgendwie aber doch traurig klang.
Wehmütig dringt die Melodie,
wie aus Angst,
vergessen zu werden.
In mein Innerstes lauschend,
und dann,
plötzlich spürte ich –
die Sehnsucht nach Dir und den weißen Wolken.

Kummer

Vielleicht fragt mich noch einmal der Mond,
wo blieb die Liebe,
wo hat sie gewohnt?
Flog sie davon,
und hast sie losgelassen?
Warum nur,
hast du sie gehen lassen?
Wieso hieltst du nicht fest das Herz,
das soviel schlug,
aber schließlich es berst?
Vor Kummer ertrank es in der Flut,
die davon schwamm –
mit ihr aller Mut.
Er trieb in die schwarze, stürmische See,
aber in den weiten Fluten
ich Dich immer noch seh'.

Hinter Schleierwolken

Hinter Schleierwolken verhangen,
bist Du nun für immer gegangen.
Eine leere Wohnung –
die Möbel sprechen für sich.
Ich bringe Dir immer frische Rosen
und Kerzen zünd' ich an – nur für Dich.

Ich sehne mich so nach Dir,
nach deiner Nähe und Zärtlichkeit,
die Du mir nicht mehr zeigtest –
ich fühle Einsamkeit.

Ich schlafe in deinem Bett,
und ich frier',
die Wohnung ist leer
und Du, Du bist nicht mehr hier.

Wollt' schlafen neben Dir
und mit Dir zusammen sein.
Komm, lass uns träumen,
was wir einst versäumten –

Das holen wir jetzt nach.
Auf allen erleuchteten Ebenen,
wollen wir uns begegnen –
Zwei Liebende –
die niemand jemals wieder trennt.

Es war so schwierig
und ist es noch immer.
Ich dacht', es wird besser,
stattdessen ward' alles viel schlimmer.

Eine Stunde

„*Sunny*", mein Kätzchen, sitzt auf dem Sofa
und schaut hinaus aus dem Fenster –
in die Dunkelheit.
Was sieht sie dort draußen?
Ich seh' nur schwarze Nacht.
Einsam steht der Bungalow –
Die Tage werden kürzer.
Bist schon so lange nicht mehr hier gewesen.
Kommst nie mehr hierher.
Nirgendwo gehst du mehr hin;
Was würd' ich geben für eine Stunde mit dir.
In Träumen mir auszumalen,
wie es wär' –
diese eine Stunde mit dir.
Hätten uns soviel zu sagen –
Und würden uns umarmen,
ließen uns nie mehr los.
Ich wünscht', dieser Traum würde wahr.

Ich find keine Ruh'

Ich find keine Ruh'.
Und du?
Du gibst mir keinen Trost.
Wofür? Ich weiß nicht,
gedanklich bin ich neben dir –
Weiß nur getrost,
von der Gedankenreise heute Nacht.
Und dann –
bin ich immer noch wach.
Ich find keine Ruh'.
Und du?
Lässt mich einfach nicht los.
Warum bloß?
Inzwischen graut der Morgen.
Und die Sorgen –
Sind nicht weniger.
Nein!
Sind immer präsent.
Absolut zu sein.
Aber wer unsere Namen kennt –
Weiß – wir lieben.

Ahnungen

Die Wege führten uns auseinander –
soweit von einander fort,
und wir zwei fanden
niemals einen gemeinsamen Ort.

Nur noch düstere Ahnungen
uns umtrieben,
dunkle Vorstellungen ließen
uns einander nicht lieben.

Waren verloren für alle Zeit,
auf uns fiel.schwere Last.
Ließ uns nicht mehr aufstehn –
dafür fehlte die Kraft.

Es zog uns immer mehr herab –
Das Moor, in dem wir versanken,
war fern der Liebe und Leichtigkeit,
weitab von Zuversicht und Fröhlichkeit,
stattdessen nur trübe Gedanken.

Davon so viele –
unendlich der Zahl,
und wir, wir hatten letztendlich
niemals die Wahl –

Im Tränenmeer wir vergingen.
Aus diesem, so tiefen unbändigen Meer
gab es für uns nie mehr –
ein Aufbäumen und ein Entrinnen.

Lodernde Glut

In weiter Ferne hoch oben
in den Wolken ich Dich seh',
lächelst mir zu, gibst mir Mut,
nicht aufzugeben mich,
nachdem ich verloren habe Dich.

Immer wieder,
knie ich nieder
und bitte um Vergebung
und Vergeltung.

Weiter zu leben mit diesem Schmerz –
Bohrendes Messer sticht in mein Herz.
Zu vernichtend,
zu schrecklich – der Tod Dich einholt.
Kein Entrinnen dem Schicksal.

Erloschen das Feuer,
das knisternd war, lodernd und aufbegehrend.
Blutrot und so heiß die Glut,
in den Adern gerinnt das Blut.

Lässt Dich erzittern,
es fegt ein eisiger Wind,
der das Feuer lischt –
und die Glut für immer verglimmt.

Höllische Angst und fehlender Mut,
uns Liebe und Freude verwehren.
Niemals ist es zu verstehen,
was uns schwer machte das Leben.

Du hast Dich an mich gelehnt

Du hast Dich an mich gelehnt, ja!
Aber: wir haben unserer Liebe nicht vertraut
und haben dicke Mauern gebaut,
die uns trennten.
Sch
Die uns nicht verbanden –
die uns wiesen in Schranken
der Verdammnis.
Das Licht ausgemacht.

In finsterster, schwarzer Nacht
nicht den Ort der Liebe gefunden,
die Augen verbunden
und verlaufen –

Ohne Kompass und Wegkarte,
das Ziel verpasst,
nicht nur einmal,
nein, viele Male mehr.

Sind wir umher geirrt
in einem riesigen Labyrinth –
einst das Ziel vor Augen,
mehr und mehr verloren den Glauben

an ein glückliches Ende.
Unzählige Umwege wir verzweifelt nahmen,
die Kräfte zehrend waren,
doch so aussichtslos die Wende.

Sag, wo willst Du hin?

Bleib bei mir und
verlass mich nicht.
Hörst Du mein Herz
nicht schlagen?

Bist so weit fort,
bitte komm zu mir
und sei mir nah,
mit Dir will ich alles wagen.
Such' Dich, bist so fern,
von weitem leuchtet so hell dein Stern.

Gibst dein Versteck nicht Preis,
suche den Weg,
der schwer zu entdecken ist.
Suche in der Dunkelheit das Licht,
das mir den Pfad zeigt
ins Tal der Zuversicht.

Dein Stern mich beschützt
vor Krankheit und Tod.
Der Lichtstrahl, der aufsog die Not.
Mir aus dem Himmel entgegen scheint,
den Regen fernhält und mit mir weint.

Auf dem Weg in die Zweisamkeit
such' ich Dich.
Kann Dich nicht finden,
sag mir, wo bist Du, wo?
Ich weiß es einfach nicht.

Jetzt, wo alles endlich ist.
die Zeit ist vertan,
kein Weg führt mehr heraus.

Ins Uferlose,
in endlose Weiten,
hoch auf dem Berg –
sich Wiesen ausbreiten,
aber die Luft ist so dünn.

Es mangelt an Kraft
und unendlichem Mut,
in mir kommt auf unbändige Wut,
die heftigst ich spüre.

Sie steigt aus der Magengrube empor,
sie will hinaus und
schafft sich Raum, ist zügellos
und schnellt hervor,
blitzschnell – wie eine Schlange.

Nicht zu erahnender Nebel,
die Sicht versperrt, schon so lange,
Hast Dich hinter Nebelschwaden
versteckt, bist nicht zu erkennen
und für immer Du verschwandst.

Hatte versucht', Dich noch zu halten,
Du aber, hast erreicht das Ende.
Der feine Sand vom Strand
an der See zwischen den Händen zerrann.
Leer sind die Hände
und umso mehr mich der Mut verlässt....

Reise durch Täler der Phantasie

Wir reisten durch Täler der Phantasie,
im Traum wir uns liebten,
im wahren Leben nie?
Wollten lieben, ja,
doch vermochten es oft nicht.
Viel Schmerz und Leid
lastete auf uns mit großem Gewicht.
Enttäuschung und Verletzlichkeit
trugen wir unter unserem Kleid.
Das, was geblieben,
war Dunkelheit, statt Licht.
Schatten statt Sonne,
Kälte statt Wärme,
in ganz weiter Ferne –
da standst Du –
mit ausgebreiteten Armen.
Hobst ab, flogst in die Lüfte,
ein Leuchten im Gesicht,
wolltest nimmer aufgeben,
doch schafftest Du es nicht.
Dein Lächeln mir stets in Erinnerung blieb,
Ich weiß, wir haben uns nicht
nur im Traum geliebt.
Auch im wahren Leben,
war es unser Schicksal,
unsere Liebe zu leben.

Blauer Eisvogel

Fallendes Laub,
die Blätter schwarz gefärbt,
morgen sich vielleicht –
der Himmel wieder klärt
in leuchtendes Blau.

Dieses so tiefe Blau –
Wie das Gefieder des Eisvogels,
den ich gestern noch betrachtet,
als im bewaldeten Kanal die Nebelluft geschachtelt.

Die Bäume spiegelten
sich im Wasser –
mein Blick wie verklärt,
ein herrliches Bild – einfach eine Mär.
Soviel Schönheit, so schlicht –
geblendet wurd' von des Herbstes Licht.

Später dann, begegne ich dem Förster,
wie immer bewacht er des Waldes Flur.
Und mit einem Blick auf die Uhr,
die das Zifferblatt zeigt,
versucht' ich, festzuhalten die vorbei fliegende Zeit.

So ist es dann schon fast halb vier –
Und ich – ich möchte nach Haus zu dir –
Möchte' dir so nah sein,
um das Pochen deines Herzens zu fühlen,
und meine Sehnsucht nach dir aufzuwühlen.

Liebster

Liebster –
so schön wär es,
wärst Du hier
jetzt bei mir
am weißen Strand.

Liebster –
wir beide vereint –
und Hand in Hand
im weißen Sand
unsere Spuren hinterlassen.

Liebster –
der Wind weht sie fort –
so als ob wir nie da gewesen.
Suchen Muscheln,
Holz und Bernsteine –
das Gold
des Meeres.

Liebster –
das Glück war uns hold,
nach langem Suchen
fanden wir –
das Gold.
Grillten am Meer –
wunderschön am Strand
zu wandern.
Auch wenn ich wieder mal etwas vergaß,
kannst Du doch verzeihen?
Oder, wer ist perfekt,
Du nicht und ich nicht.

Liebster –
die Möwen kreischen
und kreisen um uns herum –
bemerkst es und lachst –
Die Sonne scheint uns ins Gesicht.
Ein Strandkorb nimmt uns die Sicht
und wirft so lange Schatten.

Liebster –
aber wir hatten –
eine so wunderbare Zeit –
die wir an der Ostsee verbrachten,
so wie die Fischer am Meer
und die Boote – die überquerten die See.

Ach Liebster,
es wäre so schön – wärst Du jetzt bei mir.
Zusammen wir baden im Meer –
wie damals – was wollten wir mehr.

Mein Liebster –
weißt Du noch?
Die kühle See – das kühle Nass
wir hatten dabei
so einen Riesenspaß –
schwammen weit hinaus.

Liebster –
kehrten ein in Ahlbeck[4] in eine Fischräucherei.
Labten, tranken und schlemmten
Eis, Lachs und Wein,
Dill und Soßen –
die schmeckten
so einmalig und so köstlich.

Liebster –
unter freiem Himmel wir campten.
Die Natur so überwältigend schön,
waren beide unersättlich –
bekamen davon nie genug –
und das Schicksal uns trug
nach Usedom[5]–
der Insel der Sonne.

Liebster –
so frei und glücklich wir waren
in Heringsdorf[6], Zinnowitz[7] und Zempin[8]–
reisten an aus Bernau[9] und Berlin[10],
kehrten ein und durchquerten Waren[11] –
besuchten die Insel
stets wieder –
sie war das Paradies
für uns auf Erden.

Liebreiz

Liebreiz Du,
lässt mich warten
in des Garten
feuchten Grases.

Ich vergaß es,
will lindern den Schmerz –
der mein Herz
bedrückt.

Schau in die Ferne,
des Waldes Idylle,
so beschaulich leicht die Stille –
Betrunken von des Waldes Antlitz –
so schön, so prächtig
so weit der Blick nun schweift.

Aber dort –
weiter hinten
am Ende des Walds,
liegen Stämme am Boden,
die einst aufrecht standen –
plötzlich ein jähes Ende ihres Lebens fanden.

Mücken summen
in der feuchten Natur,
so verbunden mit des Waldes Flur.
Will hinausziehen
an des Ufers See –
Nicht so nah – nein, eher entfernt –
Aber der Schmerz ward
ertrunken im See.

Alles dreht sich

Alles dreht sich nur im Kreis,
der Wind, der weht,
die Zeit vergeht,
Wahnsinn –
wie der Kreislauf uns umtreibt –
uns machen lässt
und ihr niemals es vergesst.
Wo kommt ihr her,
und wohin führt euch der Weg.

Die Frage der Fragen,
was ist der Sinn
des Lebens?
Und – ist nicht alles vergebens?

Unsere Wünsche, Spiele,
Ziele, Triebe,
Machenschaften
uns treiben ein Leben lang.

Wohin wir gehen,
woher wir kommen.
Sind wir Gewinner –
erobern das Glück
oder Verlierer –
verloren im Unglück.

Inselparadies II

Inselparadies, wie liebten wir dich,
mit deinen ach so grünen Auen.
Weiße Wolken schwebten über uns,
am weiten Himmel, dem so blauen.

Ach, Inselparadies, wie fehlst du uns,
seit vielen, vielen Tagen.
Wie gern wären wir bei dir,
haben doch noch so viele Fragen.

Der See, der Licht durchflutet blinkt,
auf seinem Wasser wolln wir treiben.
Am sonnengelben Strand,
der vor unseren Augen liegt,
verweilen Menschen, die so gern bleiben.

Bunte Vögel in die Lüfte sich schwingen,
so weit, so hoch über Bäumwipfeln singen.
Und wir liegen hier so entspannt,
schmiegen unser Gesicht
an deinem, ach so schönen Strand.

Auf Wiesen wachsen gelbe Butterblumen,
ja, wie wir hoffen, noch recht lange.
Und müssen wir dann nach Hause ziehn,
ist uns das Herz so bange.

Doch sei gewiss,
dieser Abschied heißt längst nicht,
das er für immer sei.
Denn bald, ja bald,
wenn der Wind uns ruft

aus unserem dunklen Zimmer,
dann lockt uns wieder der Wonnemonat Mai.

Inselparadies, dann sind wir wieder hier.
Schon von weitem schicken wir dir
Vögel mit ihrem zwitschernd' Gruß,
weil unser jährliches Wiederkommen,
glaub uns, das ist für uns ein Muss!

Von Schmerz gezeichnet

Von Schmerz gezeichnet mein Gesicht,
Tränen flossen früh und viel,
später zeigt Verzweiflung sich,
war Mut auch einst mein Ziel.

Mein Herz zerreißt vor großem Schmerz,
schlägt tausendmal und mehr,
in Aufruhr ist's,
doch hilft es nichts.

Das Kartenblatt, es ward gelegt.
Hinaus aus Traurigkeit und Leere,
führt ewig kein Weg.
Erst spät, wenn leicht ist dann die Seele.

Sind die Schmerzen dann geheilt,
warmer Wind mich trifft.
Die Kälte ist nun fortgeeilt
und die Sonne im Begriff,
nur Liebe meinem Herzen zugeteilt.

Münder am Himmel

Die Münder am Himmel schweigen,
die Augen geschlossen bleiben,
ein trockenes Plätzchen gesucht,
doch nur Regen – verflucht.

Sich verkriechen
in Nischen
der Schützengräben.
Sich zu schützen
vor des Regens Macht.

Zu überfließen,
zu überfluten
der Heimat Bogen
im leichtem Fluss.

Versunken in der Tiefe
der Erde Brust,
versunken im Eifer des Gefechts,
zu bekommen niemals das Recht –
sich zu nehmen;

Was andere sich bequemen
mit größter Selbstverständlichkeit –
Ich kann mich nicht dagegen wehren,
weil, ich will nicht erscheinen kalt!

Tränen der Liebe

Adieu, mein Schatz, adieu,
ich nehme Abschied – adieu.
Nicht für immer, bis ich Dich wieder seh'.
In purpurnen Farben zieht ein Regenbogen auf,
vor mir ergießt sich ein bunter Farbenverlauf.
Er strahlt mir jetzt entgegen
am leuchtenden Himmelszelt.
Ich seh dein Antlitz so verwegen,
und es scheint mir unendlich nahe.
Aus den Weiten des Himmels strahlen
deine schönen graublauen Augen.
Ja, ich glaub, sie schauen mich an,
sie schauen voller Mut und Glauben,
so dass ich nichts sagen kann.
Sie scheinen so tief in mein verletztes Herz,
bis sich unsere schmerzenden Herzen vereinen –
Sie umschließen sich dann und weinen –
die Tränen der Liebe.

Bernsteinaugen

In Bernsteinaugen
schau' ich hinein.
Mein Kätzchen schaut mich an –
so als wollte sie sagen:
„Woran denkst Du?
Komm mit mir in den Garten –
schau die schönen Blumen.
Siehst Du sie nicht?"

Das Gras hoch gewachsen,
lange nicht gemäht.
Grashüpfer über Grashüpfer –
ein Paradies für sie,
aber auch für Dich.

Du bist hinter ihnen her –
ab und zu Du einen fängst.
Und längst
reibst Du deinen Bauch –
und spitzt die Ohren auch.

Freust Dich und bist müde
von der anstrengenden Jagd.
Müde bin ich auch.
Strecken beide unsere Glieder.
Sie – ihre so geschmeidig;
ich meine weniger.

Sie gähnt –
und sie schnurrt –
und leckt sich die Pfötchen.
Das Fell – es glänzt und ihre Augen auch.

So als ob sie fragen:
„Wo bleibt unser gemeinsamer Freund?
Der uns so verwöhnt,
vor allem mich
mit Leckerbissen."

Sie versteckt sich
hinterm Johannisbeerstrauch,
den er einst gepflanzt;

Sie ist friedlich
und genießt
die Ruhe und die Sonne.
Voller Wonne
sie sich aalt.

Sie ist satt –
Letztlich aber bettelt sie
nach Futter.
Oder warum
weint sie, miaut sie?

Legt sich auf das Kissen
des Stuhls –
auf dem er so oft gesessen –
und mit ihrem Wissen,
er kommt nie mehr zurück
zu uns beiden,
um uns zu zeigen,
was kann das Leben
uns noch geben.

Das Beste

Das Beste ist niemals genug,
das ich für Dich,
mein Liebster hab versucht,
zu geben.
In all' diesem Streben
ist es niemals gut genug.

Verloren, das Liebste,
was einst ich hatte,
verloren das Geschenk des Lebens –
Darauf ich nun warte
für immer vergebens –
ich hab es nicht mehr.

Das Geschenk,
so selbstverständlich
und nun so unabänderlich
flog mir wie ein Vogel davon.

Undankbarkeit,
Flüchtigkeit, Eile und Hast,
immer auf dem Sprung –
und ich vergaß,
ihn festzuhalten.

Aber ein Vogel lässt sich nicht halten,
es scheint, das Herz
will wieder erkalten;
Nein, nie wieder soll es so sein,
niemehr kalt sein wie Stein.

Vergiss nicht,
vergiss Dein nicht,
wenn ich an Dich denke,
dann denke ich
an das Geschenk.

Das ich es niemals vergesse.
Als Mahnung,
als Ehrung,
und in Erinnerung.
Für ewig Dein,
Du mein Geliebter, mein.

Da liege ich

Da liege ich,
überall Schmerzen,
vor allem aber,
Schmerzen in meinem Herzen.
Es pocht und schlägt,
hab mich kaum bewegt.

Die Sonne,
sie brennt so heiß.
Eine Tür knallt zu –
es zieht,
der Wind nimmt zu.
Was soll passieren?

Die Scherben,
sie bersten,
das Glas, es zerbricht.
Der Blick meiner Augen
nach innen gerichtet.
Was fühlt mein Herz – in mir?

Ich suche den Ausweg –
Mit aller Macht schlägt zu die Tür.
Die Augen sind geschlossen,
als ob ich schlaf.
Doch noch bin ich wach.

Bin müde und geschafft
und liege flach,
flach auf dem Rücken;
versuche mit aller Macht –
mich zu lösen vom Boden.

Doch eine Kraft drückt mich hinunter
und zieht mich hinab.
„Zieh mich hinauf,
gib mir Flügel,
reich mir deine Hand!"
Doch umsonst.

Ich starre an die Wand –
mit aller Macht.
Doch ich, ich habe verkannt,
dass die Hand –
die mich hier herausziehen soll,
ist längst verbrannt!

Du bist verbrannt.
Dein Körper verbrannt,
Du hast Dich abgewandt –
von mir.

Hab ich mich einst abgewandt von Dir?
In mir brodelt ein Sturm –
ich stolpere
und wie zum Hohn –
falle ich zu Boden,
kann nicht mehr ssaufstehn.

Die Hand drückt mich hinunter –
auf die Brust –
immer tiefer und tiefer
in die Erde hinein.

Unter euch will ich nicht mehr weilen.
Kann mir nicht verzeihen,
dass ich übersah –
die Zeichen,
weil in mir drinnen
(war) ist Leere.

Meine Katze –
sie holt mich zurück
in die Realität;
und Stück für Stück
fordert sie Beachtung
und lässt mich nicht ruhen.

„Steh auf! Steh auf!
Gib mir was zu essen!
Willst Du mich
etwa auch vergessen??!!"

Das Brot ist frisch

Das Brot ist frisch,
weich und duftet,
und die Kruste ist hart.
Es war wie Du –
Deine Kruste außen hart –
aber innerlich warst du so weich.

Ich seh Dich noch am Teich,
und der Springbrunnen
plätschert leise.
Er plätschert so dahin.

Fragte Dich: „Wohin?“
„Wohin gehst Du?“
Gabst mir keine Antwort,
wolltest nicht streiten.

Ich sagte auch nichts,
wollte auch keinen Streit.
So gingst Du für eine gewisse Zeit,
doch sie sich ausweitet
mehr und mehr.

Sagtest:
„Ich komm' ja wieder!“
Nicht für immer der Abschied sei.
So war es denn auch –
bis zu jenem Tag,
an dem **ALLES** anders war.

Das Herz will lange noch schlagen

Kann nicht aufhören –
in mir drinnen –
die Stimmen.

Sie sprechen,
sie reden,
an Fäden
sie ziehen.

Ins Licht sie fliehen –
schreib' sie auf.
Im Leben
alles zu geben –
Aus deinem Zimmer –
geh ich hinaus.

Öffne die Tür
und dein Herz –
um den Schmerz
in deiner Brust
zu heilen.

Das Herz,
es will lange noch schlagen
und viel –
bis erreicht ist das Ziel,
das Ende eines langen Lebens.

Das Laub fällt

Das Laub fällt –
vom Wind verweht,
die einstig blühenden Blumen welk
des Herbstes Blätter leuchten spät
im hellen Sonnenlicht.

Die Vögel ziehen in den Süden,
der Kälte wollen sie entfliehen –
Sich in der Sonne vergnügen.
Sie suchen die warmen Länder;
Vergangen sind des Sommers Bänder,
einst grün, schlüpfen in bunte Gewänder.

Unendlich viele Blätter fallen,
verwandeln sich in herbstliche Gestalten.
Wie jedes Jahr sie hier walten –
Wilde Herbststürme kommen auf –
Alles Leben nimmt nun seinen Lauf.
Abschied vom Sommer sie nehmen
und traurig kalte Winde wehen.

Das Schicksal

Das Schicksal –
Nicht käuflich,
lautlos und still,
es die Zukunft bestimmen will.
Erscheint es so nah
und ist doch entfernt.

Hält man gern
an alten Zeiten, Gewohnheiten fest –
und möcht',
das alles bleibt, wie es ist.
sich nichts verändert.
Doch ohne Veränderung – jetzt?

Heut nach vorn geschaut
doch eh man sich versieht,
am Firmament düstere Wolken treiben,
den Augen nicht getraut;
Urplötzlich eine nachtschwarze Wolke aufzieht,
die Vögel treiben davon in Weiten.

Vordem hatte sie niemand gesehen –
Der Himmel jetzt voll schwarzer Wolken hängt,
der vorher noch klar war und hell.
Mit aller Gewalt wurd' das Licht verdrängt.

Und ins hier und ins jetzt –
Das Schicksal erkennt
den Schlag direkt ins Gesicht.
Vorher – sahst du's nicht,
doch jetzt mit Gewissheit nicht zu leugnen ist.

Das Schicksal schlägt
so unbarmherzig zu –
wenn niemand damit rechnet –
Die Quittung deiner Leichtfertigkeit –
holt Dich mit aller Macht
zurück in die Wirklichkeit.

Dein großes Herz

Dein Herz war so groß –
und während ich
diese Zeilen schreibe –
verschließt meinen Hals ein Kloß –
er schnürt zu meine Kehle.

Es blutet meine Seele –
Der Kloß mich erstickt –
Er erstickt mein Glück
und meine Tränen.
Sie verfließen,
mit Sehnsucht sie verwehen.

Es ergießt sich
ein Meer von trunkenem,
aufgewühlten Schlamm
und eine Woge treibt vor mir her.
Versperrt mir den Zugang
zum Glück.

Darunter versteckte Perlen –
Perlen der Traurigkeit.
Die dunkel leuchten –
fast schwarz, nicht perlmuttfarben.

Man hört noch die Geige,
die so schön klingt,
ihre zarten Klänge im Wind –
und die sehnsuchtsvollen Gesänge,
die so wunderbar melancholisch sind.

Hol ein –
Du Fischer –
Du Angler an der See
der Freude und des Glücks.

In meinem Erinnern
hingen und
sammeln sich...
Bilder von uns beiden.

Wir bringen
fort –
uns –
jeder geht
seinen Weg.

In meiner Erinnerung
sind unzählige
Gedanken
an Dich.

Vermag nicht,
loszulassen,
– Dich –
und den Schmerz.
Und ich träume,
alles festzuhalten,
was du und ich einst –
versäumte.

Kann ich's noch fassen?
Greife nach den Wipfeln der Bäume
und nach den Wolken.

Aber der Himmel bleibt verhangen.
Sehe keine Sterne,
keine Sonne
und kein Licht.

Und wie ich so träume,
ich war ein Kind –
auch wie Du.
Erneut ziehen
schmerzliche Gedanken auf.

Will ihnen Einhalt gebieten –
ich nehm sie irgendwie in Kauf.
Sitze auf Knien –
vermag aber nicht,
sie hinter mich zu lassen.

Dafür mich gräme
und schäme;
was ich versäumte,
was ich nicht gab
und auch nicht tat.

In der Ferne sehe ich Dich –
erkenne ich Dich –
mir freundlich zugewandt –
mit einem Lächeln im Gesicht.

Deine Musik

Deine Musik, die Du hörtest,
die Du liebtest –
war so emotional –
so emotional, wie Du innerlich.

Aber auch zerrissen,
nicht zu wissen,
wie es besser werden kann.
Die Texte, die Melodien,
sie berührten mich und mein Herz.

Hier waren wir eins –
verstanden uns –
gaben uns Raum und Zeit,
aber der Weg war so unendlich weit.

Wir bedeckten unsere Wunden
mit gespielter Musik –
und wir verständigten uns,
waren uns nah.

Doch irgendwann,
war die Musik verklungen.
Unsere Töne stimmten nicht mehr.
Versuchten, sie zu stimmen
die Saiten der Gitarre und der Geige.

Doch selten es gelang,
zu oft verpasst, versäumt.
Die inneren Stimmen,
die uns vereinten,
versiegten für immer.

Der Wind flüstert leise

Der Wind flüstert leise:
„Kann ich Dich mit mir nehmen
oder willst Du lieber dem Meer
entgegen gehen?"

Die Welle ans Ufer gespült,
willst auf ihr reiten –
weit hinauf und wieder hinunter –
herum zu wirbeln;

Und durch sie hindurch zu tauchen –
das salzige Wasser schmeckend,
es aufzusaugen.
Dich hinaus treiben zu lassen –
weit bis an den Horizont.

Nicht mehr zurück zukommen
nach Hause.
Aufzusteigen in die Lüfte –
Dich treibt der Wind hoch hinaus.

Er fängt Dich nicht auf.
Hält Dich auch nicht zurück
auf diesem Weg, Stück
für Stück die Spur verwischt.
Sie sich nicht zeigt, niemand sie erkennt.

Alles scheint so fremd,
so wie noch niemals vorher
Auch die Vögel haben diesen Weg nicht gekannt,
und versuchen zu flüchten
ins weite, ferne Land.

Letzte Tropfen

Vom gestrigen Regen
liegen noch Zweige auf Wegen,
die klatschnass im Wind sich bewegen;
sie auszuwringen bis auf den letzten Tropfen.

Die Lichtung steht so weit und offen,
der Wald zeigt sich mit seinen Bäumen.
Das Rauschen der Bäume klingt zart und weich,
das frische Grün wir nie versäumen –

Hinein zu wandern und
wieder hinaus, um uns zu spüren, so leicht.
Meinst zu wissen zu später Stund,
dass sich anfühlt alles gleich?

Wenn dann Deinem Mund
ein Staunen entfährt,
dann weißt Du es genau –
Ich mache nie mehr kehrt,
auf der schönen grünen Wiesen Au.

Eiskalt

Eiskalt mein Herz –
gefroren zu einem Eisklumpen –
die Vergangenheit,
Erfahrungen und die Zeit,
die Umstände machten mich hart.

Vormals –
Sentimental und sensibel,
verbog ich mich mehr und mehr.
Und auch das Meer
konnt' mein Herz nicht mehr erweichen.

Einst wollte ich soviel erreichen.
Geschafft davon?
Nichts!
So grausam ist's,
zu erkennen, dass sich alles in Luft auflöst
und das Eis – es schmilzt.

Langsam –
treten die Bäche über die Ufer,
überschwemmen die Felder
und auch mein Herz.

Aus den Augen Flüsse fließen,
zu erkennen,
dass es zu spät ist,
und nichts mehr zu ändern ist,
macht mich so traurig.

Bin so verzweifelt…
Nur unter großen Mühen
kann ich aufrecht halten
meine Fassade.

Sie bröckelt Stück für Stück
entzwei.
Furchtbar die Erkenntnis –
Aber es ist eh einerlei.

Passiert ist viel
und unauslöschbar
die Tragödie ist.
Verspielt die Hoffnung
und Zuversicht.

Flammen über dem Eis
züngeln wie Schlangen –
Gewissheit zu erlangen,
dass das Eis unter den Füßen bricht.

Blutrot der Sonnenuntergang
und das Blut, das auf das Eis tropft.
Mein Kopf, der schmerzt,
mein ganzer Körper bebt,
und das Eis die Schmerzen nicht überlebt.

Meine Träume in der leisen Welt

Das Zimmer, in dem ich die Nacht verbrachte,
und vor Sehnsucht nach Dir schmachte,
leidenschaftlichst an Dich dachte.
Da lag ich, und die hitzige Luft durchwachte
meine Träume in der leisen Welt.
Legte meine Arme auf Deine Glieder,
schmiegte mein Gesicht
an dem Deinem und koste Deine Lider,
die schwer versanken
in den Augen,
die feucht und blau
den Himmel küssten,
so, als ob sie wüssten,
das alles wäre nur ein Traum,
und sich mit dem Blau des Himmels mischten.

Auf dem Streckelsberg[12]

Hoch oben auf dem Streckelsberg
stehst du – und winkst mir zu.
Ich winke dir zurück,
möcht' hinauf zu dir fliegen –
ganz leicht und mit Flügeln bestückt.

Doch flattert nicht mein Flügelkleid,
bin ich auch versucht, abzuheben.
Um dir vielleicht dann nahe zu sein,
und dazu verführt, dir zu begegnen.

Über zu diesem Berg will ich schweben.
Möcht' mich mit Leichtigkeit in die Höhe erheben.
Nicht einfach auf dem Boden gehen,
nein, mich möcht' mich aufschwingen zu dir,
um die einmalig weiten Lüfte zu erleben.

Fernweh - Heimweh

Fernweh,
Heimweh
Lichterloh ich brenne;
In den Flammen ich Dich erkenne -
ja, ich sehe Dich.
Wink' Dir zu
und Du winkst zurück.
Gehen aufeinander zu
und breiten aus die Arme.
Wir laufen, schneller,
immer schneller –
kommen uns näher -
sind uns so nah.
Umarmen uns
und drehen uns im Kreis.
Uns wird schwindlig
dabei und uns wird heiß.
Schweiß
läuft von uns herab,
mehr und mehr –
ergießt sich der Schweiß
zu einem Meer –
und in der Ferne, hinterm Horizont
kommt
ein Schiff.
Es kommt näher und näher
nimmt uns mit
in den Hafen der Heimat.
Auf das wir nicht mehr
spüren
Fernweh –
und Heimweh.

Gehetztes Tier

Ich fühle mich wie ein gehetztes Tier,
habe den Jäger dauernd hinter mir.
Versuche zu entfliehen,
um stets neue Schneisen zu ziehen.

Ich höre des Jägers Horn
und seinen Hund,
vernehme sein Furcht erregendes Gebell,
ein Schauer läuft mir den Rücken herunter.

Laufe durch den Wald,
mal bergauf,
dann wieder hinunter.
Alles fühlt sich so grauenvoll an.

Versuche zu fliehen,
so schnell ich nur kann.
Laufe durch einen Bach,
die Spur verwischt.

Dem Jäger und seinem Hund
bin ich noch einmal entwischt,
wenn es doch so einfach wär'.
Ich wünscht',
ich wär' mein eigener Herr.

Auf allen Wegen

Alle Wege, die ich jetzt gehe,
auf allen Wegen ich nun erlebe
trostlose Einsamkeit.

In Pfützen tropft Regen hinein.
Schlamm, Matsch und Pfützen
lassen mich ertrinken,
ausgehöhlte Wege lassen mich versinken.

Damals klirrende Kälte und Sonnenschein,
heute nur Regen, oh Trauer, Du mein.
Der Himmel voller tiefem Grau,
zieht sich durch die Häuschen,
die hier stehen –
so verlassen.

Mit hohen Kiefern bewachsen
Efeu rankt bis zur Krone hinauf.
Sturm und Wind das Land erfassen.
Alle Tiere geflohen – wohin?

Wind, bist hier mein einzig treuer Gesell.
Aus der Dachrinne fließt Regen herab,
vertrocknetes Laub fällt hinunter ins Gras.

Wollte Dich noch erreichen,
wollte das Herz erweichen
und auch deine Seele.

Doch was ich hier erreiche –
ist – N I C H T S –
Die Worte – sind immer nur die gleichen.

Der König des Meeres

Der König des Meeres
bist Du – und ich die Königin –
verzaubert vom glitzernden Wasser –
es fließt so dahin.

Mal glatt wie ein Spiegel,
dann die Wellen haushoch –
am Horizont ein Segelboot
und viele Boote mehr.

Sind Zeugen der Freiheit –
gemeinsam fangen wir sie ein.
Halten sie fest –
so wie wir uns halten für immer.
Aufflammt ein Hoffnungsschimmer.

Für immer uns liebend
wie Möwen so frei fliegend –
So unendlich, so sehnlichst
wünschten wir sie herbei.

Die Hoffnung auf den Sonnenaufgang
gaben wir niemals auf,
und umarmten und liebten uns
auf der Sandbank des Meeres –
so hingebungsvoll und verzehrend.

Zwei endlos sich Liebende –
der König des Meeres
und die Königin –
verzaubert vom glitzernden Wasser –
es fließt so dahin.

Schneebedeckt

Schrei deinen Schmerz hinaus, schrei!
In die klirrende Kälte,
am wärmenden Feuer sitzen wir zwei,
ringsherum mit Schnee bedeckte
Berge und Täler.

Neue Wege zu finden –
hinaus in die Freiheit,
eisiger Wind pfeift ums Haus.
Draußen sieht man nur Schnee und Eis –
und zwei Menschen,
die sich so nah sind
und doch auch so fern;

Nicht zulassend die Nähe
und die Phantasie –
von der Ferne zu hören
Glockengeläut und Musik,
ganz leise erst,
dann immer lauter werdend.

Rücken näher an uns heran,
der Frost lässt uns frieren.
Eisige Luft lässt den Atem
erkalten dann.
Das Feuer wärmte uns
als es noch brannte,
dann erlosch es für immer.

Die Nacht

Die Nacht,
sie schont mich nicht –
und auch nicht der Tag.
Die Nacht vermag,
mir die Wirklichkeit zu versüßen
mit Träumen.
Der Tag stürzt mich ins Jetzt –
ohne Erbarmen ist das Netz
der Begierde und der Hast.

Vertrauen in die sternenklare Nacht,
vom Engel der Finsternis bewacht –
Er kann verzeihen,
schlägt die Flügel über mich,
bedeckt mich mit Kraft und Zuversicht
für den kommenden Tag.

Will nach Hause mich bringen,
und dabei singen
ein Lied auf den Lippen –
Hoch oben kippen
die Sterne hinunter –
Sternschnuppen sind es,
die mir Träume schenken
und manch' Wünsche erfüllen.

Mein Wunsch –
ein Versuch ist's wert,
mach kehrt –
dreh Dich um –
nach mir.

Versuchte.
dich zu haschen –
und zu naschen den süßen Nektar –
Honigsüß dein Mund
und so verwund-
bar deine Seele.

Driftest ab,
leise die Balken knarren,
ächzen unter dem Gewicht –
und das Holz der Schiffe
duftet nach Öl.

Fahren hinaus aufs Meer,
dem so dunkelblauen,
schwarz schimmert
es in der Nacht.

Der Mond vom Himmel
herunterlacht,
er scheint und leuchtet
übers endlos weite Meer.

Am dunklen Strand in der Ferne
schauen wir übers Wasser –
und so glatt die See.
Gestern noch Schaumkämme –
wildes Wasser –
dieses Bild aber wird blasser
und versiegt unter dem Spiegel der See.

Weißer Mond

Es wird Abend,
noch ist der Himmel blau.
Es wird langsam dunkler
und die Sonne geht unter
am weiten Horizont.

Der Birnbaum im Garten
mit den süßen Früchten
lädt ein. Die Ernte –
ließ lange auf sich warten –
Jetzt so üppig sich die Früchte pflückten.

Saß auf der Schaukel
freute mich wie ein Kind,
fingst mich auf,
nahmst mich in die Arme –
und ich sah gebannt zu Dir.

Gemeinsam waren wir
wie glückliche Kinder,
vereint für immer.
So sehr ich begehr
nach Dir und dem weißen Mond.

Weißer Mond –
So freundlich er scheint
von Schleier verhüllt –
Die Nacht ist lau und von Liebe gestillt.
Die Sterne leuchten so rein.

Blitzen zu Tausenden im
weiten Weltall –
suchen die Erde zu erhellen –
überall.

Uns erscheinen Millionen
von Lichtern –
Im August so wie sonst nie –
erleuchten Sternenschnuppen
das All voller Magie;

Geheime Wünsche sich erfüllen,
glückliche Gesichter entfacht
ein Hoffen und ein Beben
in sternenklarer Nacht.

Gestrandet

Seit gestern bin ich gestrandet
im Forsthaus Damerow[13],
bin in ein scheues Reh verwandelt,
das sich im Dickicht versteckt.

Laufe die matschigen Wege entlang,
damals wolltest vor Vergnügen
in die Lüfte fliegen.
Voller Sehnsucht hinaus, so hoch –
solch ein Bild sich mir bot,
es schien, als wolltest Du baden im Eis.

Das Achterwasser und das Meer
waren wie verwandelt und zugefroren –
Damals wusste ich nicht,
dass wir längst waren verloren.

Heute regnet es ganz fein,
plötzlich hat der Regen ein Ende dann,
aber dieser Zustand dauert nicht lang –
Feiner Nieselregen tröpfelt auf die Fensterbretter;
hab' sehnsuchtsvoll aus dem Fenster geschaut
in diesem schönen roten Haus.

Hab deinen Schatten, deinen Umriss gesehen,
aber Du, Du bliebst einfach nicht stehen.
So wie eine Fatahmorgana Du kurz erschienst,
verschwandst Du wieder im Nichts.
Der Nebel hüllte Dich ein,
nahm Dich mit sich,
und ließ mich wieder so allein.

Stelle Fragen

Stelle Fragen,
doch keine Antwort kommt.
Wie ist es zu ertragen,
der ständige Begehr
um Liebe,
die ich vermiss'.

Vertan die Zeit,
lieber sich hingewandt
süßem Geigenspiel.
Mit ihm die Zeit zu vertreiben.
Musik erklingt von fern
in wunderbaren Klängen.

Ja, bezaubere mich,
verzaubere mich,
lass mich schauen,
Herzelein;

Möchte bei Dir sein,
höre die Glocken schlagen.
Zeit ist's aufzustehn
und zu gehn.

Wohin?
Wohin es mich verschlägt,
bevor es ist zu spät –
wie schon so oft
in der Vergangenheit,
in vergangenen Tagen,
soviel verlorene Fragen –
jetzt hoffend auf neue Zeit.

Bitte – bleib bei mir!

Bitte bleib bei mir
und verlass mich nicht.
Ich habe Angst,
dass Du *niemals*
mehr bei mir bist.

Ich habe Angst,
dass sich unsere Wege
für immer trennen,
und wir in Galaxien
niemals mehr zusammen ziehn.

Ich wäre so gerne bei Dir,
und möchte Dich
in meine Arme schließen,
Dich fest umarmen
und nie, niemals wieder loslassen.
Bitte geh nicht,
bitte bleib bei mir!

Ziellos

Ziellos –
wie wir waren,
ließen wir uns treiben –
leichtfertig und unbesonnen –
konntest nicht lange
an einer Stelle verweilen.

Nicht auszuhalten die Nähe,
die machte Angst
und Du verhangst
Dich immer wieder
in unwegsame Geflechte.

Unausgesprochene Worte,
die Angst, gefangen zu sein;
nicht selbst so sein zu können –
wie man war –
und am Ufer zu versinken im Morast
von Liebe, Wut, Trauer und Hass.

Die Unzulänglichkeit und –
das Bedürfnis nach Liebe
und Berührung,
und das unstete Treiben
von uns beiden.

Die Vorlieben außer Acht
gelassen,
und ungestillt das Verlangen
nach wirklicher Liebe
und nicht nach Macht.

Loslassen können –
der ewige Konflikt zwischen
den Geschlechtern, Frau und Mann –
und auch sodann
wieder Kind zu sein
und frei.

Zusammenbleiben –
konnten wir nicht,
und auch keine Einigkeit bekommen.
Ließen stattdessen die Herzen erkalten –
in dem so sonnigem Licht
und der Fröhlichkeit des Sommers.

Und am Abend im Schein der Kerzen
waren wir gefangen
in unseren Gefühlen,
die uns aufwühlten
und unausgesprochen blieben.

Zugeklebt der Mund –
eingesperrt das Herz –
einfach nicht miteinander reden.
So einfach! Einfach?
Niemals! Nein!

Versonnen, versunken –
jeder im eigenen Land der Träume –
und verdammt
die Vorwürfe – und zwischen uns Zäune,
mit Unverständnis aufgebaute Welten.

Diese abzureißen?
Dazu waren wir nicht in der Lage.
In mir drängt sich
immer wieder die Frage –
Warum nur handelten wir so,
wie wir handelten?

Durchbrachen nicht diese Grenzen
der Herzlosigkeit
und Lieblosigkeit.
In Einigkeit wir nicht verharrten,
weil wir an unseren Gefühlen sparten.

Hab Briefe geschrieben

hab geschrieben Dir –
Ich wünschte,
ich hätte diese Briefe längst geschrieben –
nun auf Antwort wartend –
doch es kommt keine Post.
Früher vielleicht –
Ja –
Aber jetzt?
Nicht.
Stille,
allein –
und dein,
für immer.

Ich lebe

Ich lebe,
warum?
Wozu existieren,
wenn alles so ohne Sinn?
Wozu?

Wieso hier bleiben,
wenn ich das Leben nicht lieben kann?
Nur vor mich hin zu vegetieren,
und mich treiben zu lassen;
Wovon?

Nur auferlegte Pflichten
zu richten,
keine Freude,
wärmendes Feuer erlischt.

Ich fühle mich nicht frei –
bin verbittert,
die Leere wächst mehr und mehr,
nur ein einzig' riesiges Loch,
das immer größer wird.

So groß wie die Erde und noch größer
so unendlich groß wie das All,
dass nichts mehr,
aber auch gar nichts mehr
diese Leere ausfüllt.

Ein Traum von Zärtlichkeit

Von der Ewigkeit umhüllt,
nicht erfüllt –
ist der Traum von Zärtlichkeit.

Die Gedanken sind verhüllt
in Schleiern;
sie sind durchsichtig –
und doch nicht ersichtlich.

Wollen sich nur zeigen,
wenn sie meinen,
sich hinauszuwagen
in die Freiheit.

Zuversichtlich sich doch
noch Hoffnung aufmacht,
um zu ergründen des Lebens Sinn,
der Existenz im Universum.

Alles ist machbar,
alles Sein hat seinen Grund –
im Schein der Kerzen
sich offenbart
des Menschen Ehrlichkeit.

Geblendet

Geblendet von den Scheinwerfern
der Autos –
deren Licht in den Augen schmerzt.

Ich bin blind,
sehe nichts in diesem Augenblick;
schnell huschen sie vorbei,
nehmen mit sich
diesen grellen Schein.

Sodann –
im nächsten Moment –
mich die Dunkelheit erkennt;
Habe hinter mir die Schatten gelassen.

Das Haus im Wald
steht einsam und verlassen.
Ich erkenne Dich,
nehme deinen Umriss wahr.

Versuche, Dich zu halten,
doch so sonderbar,
Du mir entfliehst,
höhere Mächte hier walten.

Habe den Ort des Treffens
nicht gefunden
in der schwarzen dunklen Nacht,
habe ich dein Fortgehen nie überwunden.

Gedanken

Die Gedanken fließen nicht,
die Gedanken haben
einfach kein Gesicht.
Sie verschleiern ihr Antlitz,
sind ein weißer Fleck.

Sind ein weißer Fleck
auf weißem Papier,
das Blatt ist leer hier,
so wie mein Blick.

Am Himmel wartet neben Dir
eine Wolke.
Die Gedanken verwirren mich,
habe Geräusche vernommen
und Stimmen,
die mich erinnern – an Dich.

Hör' dein Lachen,
und neben mir sitzt dein Schatten,
den ich noch fühlen kann.
Bin wieder so müde – alsdann.

Die schlaflosen Nächte machen mich mürbe,
bin so traurig, verbittert und leer.
Habe auch diese Nacht
wieder durchwacht,
und in dieser Nacht
kein Auge zugemacht.

Phantom

Ich jage einem Phantom hinterher,
versuche zu begreifen,
versuche, Dich zu fassen,
versuche Dich zu finden.

Aber keine Rückkehr,
dorthin, wo wir gewohnt haben
und gemeinsame Zeit verbrachten –
ins Heim zu Dir und auch zu mir.

Funkstille allerorten.
Die Tragweite nicht zu erfassen.
Dein Bild loszulassen,
aber engstirnige Gestalten
versuchen mich festzuhalten.

Aber ich? Ich will einfach nur weg,
ich will fort.
Fort von hier und weiß nicht wohin,
wo ich vielleicht willkommen bin.

Aber diese Willkommensgrüße
werden immer weniger,
ich bin nur geduldet hier.
Gedankenversunken hab ich
die Stirn in Falten gelegt;

…und deinen Körper sanft gebettet
auf Rosen und ins hohe Gras.
Ich schaue in den Himmel
solange, bis ich endlich
das irdische Dasein vergaß.

Der Weg zum Himmel

Der Weg zum Himmel geschlossen,
nur zu erahnende Lippen lassen hoffen,
dass sich die Lippen öffnen werden,
um hineinzulassen warme Erde.

Versuche zu spüren
den inneren Drang
nach dem Vermächtnis der Liebe
ein Leben lang.

Zu liebkosen den schönen Mund.
Gibt er sogleich die Hoffnung
in eine offene Zeit –
und er gibt Segen und Leben.

Zuzuhören den Klängen des Waldes
zuzusehen dem Leuchten des Lichts,
zu hoffen auf bleibenden Frieden.
Zu schaukeln das goldene Kind,
das in der Wiege liegt und schläft;

Es zu lieben und zu erkennen,
immer – soweit wir auch geschaut.
In der Ferne das weite Meer
und das endlos weite Land –
wir hatten unser Leben darauf gebaut.

Es gibt uns Zauber und
Leichtigkeit ein Leben lang,
lässt unsere Träume wahr werden,
wenn wir uns fallen lassen
in den Schoß des Himmels.

Alles umsonst

Alles umsonst, schonungslos vertan die Zeit;
Erstrecken sich die Felder,
Wiesen und Seen – soweit;
Riesen tummeln sich und Zwerge,
nicht füreinander geschaffen.

Trotzdem versuchen sie immer wieder,
miteinander zu harmonieren –
Entgegen allem bisher Erreichten
und allem, was noch in der Hoffnung schwebt.

Alles Außerirdische versenkt,
überrollt von einer Welle
der Nostalgie,
die tief ins Herz hineinsticht –
es tut einfach so weh.

Der Schmerz will niemals enden,
das, was endet,
wird unser Leben sein.

Nie wieder

Nie wieder wird es sein,
wie es einstmals war.
Traurigkeit überall –
ich weiß nicht mehr ein noch aus.

Neben mir sitzt klein „*Sunny*"
und putzt sich ihre Pfötchen,
meine liebe süße Katze.
Sie fängt mich auf,
hält mich einigermaßen über Wasser;

Wäre wohl sonst schon untergegangen.
Obwohl ein guter Schwimmer,
ist es so schwer,
nicht unter zu gehn,
nach alledem, was passiert ist.

Mein liebster „*Lutz*"
ist gegangen –
und heute –
geht sein Heim
in die ewigen Jagdgründe.

Funktioniere stetig,
und muss diesen Schritt heute tun.
Abschied nehmen von allem
für immer und alle Zeit.

Entwurzelte Bäume im Wald,
hatten keine Kraft zu überleben;
umgestoßen vom wütenden, tobenden Sturm,
waren sie dem Kampf des Lebens erlegen.

Und Lippen am Himmel, die geschlossen sind,
sie warten nur darauf zu reden und zu küssen.
Hatte vorhin ich so viele Gedanken;
Konnt' sie nicht aufschreiben aufs Papier.
Nun sind sie fort gegangen,
fort gegangen – wie Du von mir.

Verschwunden hinter den Wolken,
die am Himmel ziehen.
Nun ist ein Schild mit den Namen der
Verstorbenen angebracht.
Wie versprochen – ja, so wie gedacht.

Zu Hause wieder angelangt,
sinke ich kraftlos danieder.
Meine Katze sitzt noch draußen,
nach Aufmerksamkeit verlangt.

Weigerte sich, in ihre Box zu gehen –
Entfleuchte schnell – so verwegen.
Ich holte sie dennoch ein,
denn wir beide wollen nicht alleine sein.

Dein Geheimnis

Die Augen traurig
und müde der Blick,
wenn der Schein mich nicht trügt –
doch ein wenig hoffnungsvoll.

Zuviel zugemutet,
Du Dir selbst.
Hast deinen Körper geflutet
mit Bächen voller Wein und Bier.

Und zuletzt –
bist Du innerlich verblutet.
Dein Körper hat resigniert –
er wollte nicht mehr.

War alles ohne Sinn,
und was hattest Du ohnehin
vom Leben noch zu erwarten?
Alles wurde Dir genommen.

Außer uns beiden,
ich war noch da
und „*Sunny*" –
unser beider „*Kind*" und
Sonnenschein.

Waren wir Dir nicht genug,
haben wir Dir nicht gereicht?
Vielleicht –
ist es so oder auch ganz anders.
Es bleibt für immer dein Geheimnis,
Du nimmst es mit Dir.

Ein halbes Jahr

Jeder bekommt, was er verdient,
auch ich;
Mich ein böser Geist angrient,
immer mich.

Die Frage ich mir so oft gestellt,
warum mich keine Hoffnung aufhellt,
wenn dann die Hoffnung
auch gestorben ist,
und ich vom Pech verfolgt bin.

Die Antwort weiß ich, bestimmt –
bin hin- und hergerissen.
Gejagt von meinem schlechten Gewissen,
das es nicht gut mit mir meint.
Von bösen Träumen heimgesucht,
und schon tausend Tränen geweint.

Zu spät erkannt,
dass ich mich in Süchte verrannt,
so wie auch Du es getan,
nur, war es dein Untergang.

Meiner –
scheint auch nicht mehr fern,
das Leben verflucht,
ich lebe einfach nicht mehr gern.
Schaue sehnsüchtig zum Himmel hinauf,
möchte auch dorthin –
dorthin –
wo Du schon ein halbes Jahr nun weilst
und die Einsamkeit mit mir nicht mehr teilst.

Aus einer anderen Welt

Ich träumte heute Nacht,
Dich wieder zu sehen,
Du kamst aus hellem,
gleißend weißem Licht
mir entgegen.

Aus einer anderen Welt
so geblendet,
dort, wo die Engel leben;
Mein Herz für einen Moment
stille stand.

Ein Schmerz in der Brust,
der mir nahm die Luft;
In diesem Augenblick,
ein paar Sekunden lang
verspürte ich den unbändigen Drang,
zu gehn'.

Doch gleichfalls war dieser Wunsch
so von Angst besetzt –
Zu wählen jenen Weg
in diese andere Welt.

Nur ein ganz schmaler Grat –
dort hin zu entschwinden –
so schmal und niemals mehr
zurück zu finden.

Kaltes Haus

Das Haus ist kalt,
ich heiz mit Gas,
alles ist ohne Dich so sinnlos,
umsonst, so traurig und ohne jeden Spaß.

Ich denk' an all' die Zeit zurück,
blasser werden die Farben,
doch die Erinnerung bleibt.
Was mich antreibt,
ist mein Kätzchen.
Sie ist mein einzig' Schätzchen,
und der Wille kommt zurück
zu überleben – Stück für Stück.

Zu erobern des Lebens Freude,
sie zu finden,
und den Sinn darin –
auch ohne Dich.
Aber alles fällt so schwer,
kann nicht lassen die Gedanken an Dich.
Sie holen mich ein ewiglich.

Ein Geruch, ein Gedanke, Gefühle, Filme, Menschen,
Blicke, Natur, die See, Flüsse, das Land,
Atem, Häuser, Heimat, ein Bild –
all' dies erinnert mich so sehr an Dich,
kann Dich nicht vergessen,
und die Tränen verlassen mich nicht.
Die Traurigkeit lässt mich nicht los.
Schiffe, die sich fortbewegen bloß –
Nein, auch diese erlösen mich nicht
von den traurigen Gedanken.

Das Haus bald verlassen,
und den Garten auch,
den Du so liebtest, wie ich auch.

Liebe und Hass waren so nah beieinander,
und das Kätzchen nimmt Abschied dann.
Ihr Freund, der Kater,
schwarzweiß war sein Fell,
auch er verschwand
im letzten Jahr irgendwann.

Kam nicht zurück zu ihr –
so wie Du auch nicht zu mir.
Zeitlebens sind wir zwei nun allein,
geben uns Wärme –
warten auf uns und freuen,
wenn wir uns wieder sehen.

Jeden Tag aufs Neue zu entdecken,
so trauern wir unseren Männern nach.
Versuchen neues Glück zu finden
Versuchen zu vergessen
die kalte Zeit der Trauer –
und einzureißen die Mauer,
die uns umgibt und einsperrt.

Es besser zu machen,
die Rückkehr ins andere Leben
und unsere Fehler zu vergeben.
Und wieder zu lernen –
das Lachen.

Gefühle zu leben
und auch zu spüren,
damit wir zwei
uns niemals verlieren.

Zu schön

Wenn ich die Vergangenheit
ändern könnte,
wenn ein Weg führte zurück,
zu dem Tag,
als Du diese Welt verlassen hast.

Zu schön
wäre dieser Traum,
der niemals wahr werden wird.
Zu schön,
Dich zurückzuholen
ins Licht des Lebens.

Zu schön,
nichts wäre vergebens,
zu schön,
den Tag und die Zeit
anzuhalten.

Zu schön,
Dich in den Armen zu halten;
Dich zu küssen
und zu wissen,
Du lebst.

Scheinwelt

In meiner Scheinwelt zu leben,
ist eine Flucht vor der Realität.
Traumfiguren mir begegnen,
auf den Wolken sitzen Engel
mit goldenem Haar.

Sind so fern –
und kommen mir nicht nah.
Bin auf der Suche nach Dir,
will einfach nicht glauben,
dass Du nicht mehr bist hier.

Ich sitz in meinem Schloss
und träume von Dir.
Träume, dass Du mir entgegen
kommst, Dich aussöhnst mit mir.

Bin in Träumen versunken,
die Realität will ich nicht sehen.
Mein Glaube ist so stark –
zu sehen, wie Du mir nahe kommst.
Doch darauf warten –
kann ich bis zum jüngsten Tag.

Vorbei des Lebens lange Reise,
vorbei der Schmerz der Liebe,
vorbei die Lebenslüge,
dass alles jetzt,
der Wahrheit nah
und der Weisheit fremd.

Mantel der Nacht

In den Mantel der Nacht gehüllt –
frierend das kleine Kind
auf weiter Flur.
Hat sich verlaufen,
ist abgekommen vom
Weg des schützenden Engels.

Von der Mutter verlassen,
kämpft es sich
durch so dichte Wälder
und weiß nicht, wohin.

Die Wege verschlungen,
sie kreuzen sich;
aber das Kind –
es findet den Heimweg nicht.

Ganz allein,
eingewickelt in Gewändern der Einsamkeit,
entdeckt es nicht die gemeinsamen Orte
der Menschlichkeit.

Vermag es leere Worte zu teilen,
vermag es voller Hoffnung zu weilen
und sich zu freuen so sehnsüchtig –
auf dass sich die Worte füllen –
und wärmendes Licht nun finden.

Vermag es offene Wunden zu heilen,
vermag sich hinzuwenden dem Licht,
welches gestreut aufbricht
und lässt die Schatten hinter sich.

Das Licht –
erst klein und fern,
dann groß und weit –
sich dem Frieden und den Herzen
zugeteilt;

In schmerzvollem Wind geeilt
und hineinfällt
in ausgebreiteten Tüchern,
die lindern
des Windes Schmerzen.

Und jetzt –
Heilende Stille, auflebende,
flackernde und brennende Kerzen.

Die Flammen leuchten,
sie wärmen,
strahlen in der Nacht –
vom Engel des Friedens
das Kindlein bewacht.

Du fehlst mir

Damals dachte ich,
ich muss alles allein tun.
Jetzt spüre ich,
wie es ist,
wirklich alles allein zu tun.

Niemanden zu haben,
der mir tröstend zuhört,
niemanden zu haben,
dessen Lachen mich ansteckt.

Niemanden zu haben,
der mich ein wenig versteht.
Niemanden zu haben,
der mir Mut gibt.
Niemanden zu haben,
der mir zur Seite steht.
Niemanden zu haben,
dessen Stimme ich hören kann.

Niemanden zu haben –
ich vermisse so sehr
diesen Mann, den ich liebte.
Zu spät –
der Verlust
rüttelt mich wach –
Du fehlst mir so!

Gebrochene Frau

Ein blitzschnelles Auto rast die Straße entlang
mit mindestens achtzig km h
auf dreißiger Strecke,
bog es mit quietschendem Geheul
um die Ecke.

Doch sogleich wurde es wieder
ruhig und still –
die Frau liegt in ihrem Bett ganz allein,
sie am liebsten Abschied nehmen will.

Von allem, was sich in den Weg ihr stellt,
von allem, was jeder Freude entbehrt.
Ein halbes Jahr ist vergangen,
seit ihr Mann sie verlassen hat
und ist fort gegangen.

Fort gegangen in eine andere Welt,
die sie nicht kennt –
und so drückt es ihr aufs Herz.
Aber der Schmerz –
will nicht geringer werden.

Er wird größer und größer,
einst flossen Bäche von Tränen.
Jetzt bleibt nur harter Stein.
Der Himmel voller Wolken hang,
und der Wind sein trauriges Lied sang.

Kalte Luft strömt zum Fenster herein
die Frau liegt noch immer im Bett allein.
Hängt trüben Gedanken nach
und die Schuldgefühle werden größer.

Je mehr sie denkt darüber nach –
umso mehr steht ihre Schuld für sie fest.
Der Wind weht stärker,
die Frau ist krank.

Sie fiebert und hustet,
denkt über ihr Leben nach,
das sie selbst mit falschen Entschlüssen
in eine Richtung lenkt.

In eine Richtung,
die sie kurz über den Abgrund drängt.
Die Gedanken kommen ins Stoppen –
Sie will Einhalt gebieten,
es muss was passieren.

Sie muss sich ihre Fehler verzeihen.
So schwer sie auch wiegen,
sonst ist ein Weiterleben,
ein Weiterexistieren
mit diesem Erbe niemals mehr möglich!

Glück

Das Glück überschätzt – unterschätzt –
alltäglich da und doch nicht hier?
Will es mit den Händen
greifen noch.
Aber doch –
zieht es von dannen –
als ob wir es ahnten;
Haben den Blick
rührselig hinterher
schweifen lassen.

Und nun?
Wahrheit,
Klarheit,
Unabänderlichkeit,
will es zurückholen.
Aber: es gelingt einfach nicht,
die Vergangenheit –
ist nicht mehr zurückzuholen.
Oh, Schreck,
bin gelähmt und schockiert;
Alle Glieder sind starr
immerzu und immer wieder –
Grausam, aber so wahr.

Sitze unbeweglich
und gedankenverloren;
und nun ist der Blick – so klar
und so entsetzlich –
ist die Gewissheit,
dass wir verlassen sind –
für immer vom Glück.

Sehnsucht hier und Heimat dort

Sehnsucht hier und Heimat dort,
auf der Suche nach dem Ort,
der mein Herz so weit berührt.
Große Liebe mich verführt,
Liebe, Lust und Leidenschaft,
nähren mich und geben Kraft.

Regen jetzt im Boden versinkt,
In eisiger Kälte sind Eiszapfen gefroren,
Sonnenschein das Eis bezwingt.
Abenteurer, Wandrer und auch Recken,
Helden, Müßiggänger und Schlafwandler
mich aus Alpträumen und Finsternissen wecken;

Lieben dieses schöne Land,
welches sich jetzt zugewandt
Urgestein und Lavafluss.
Schwarze Wolken, schwarzer Ruß,
Meeresrauschen, Meeresbucht,
weite Strände, weites Meer
leben mich einmal mehr.

Raubbau

Warum hast Du nur Raubbau
an deinem Körper betrieben,
warum konntest Du Dich
einfach nicht lieben.

Warum war Dir das Geschenk
deiner Mutter so egal,
warum warfst Du es weg –
diese Entscheidung war so fatal.

Warum bist Du nicht bei mir geblieben,
ergriffst stets die Flucht –
nur weg von mir –
um mich im nächsten Moment
wieder anzulügen.

Kaum warst Du fort,
nahm einer von uns beiden
den Kontakt wieder auf –
konnten nicht voneinander lassen –

Doch war dies das Verhängnis,
welches unser Untergang war,
konnten uns daraus nicht befreien.

Zu versprechen,
was Du nicht halten konntest.
Du kommst ja wieder.
Wahrhaftig so war es immer –
bis zum allerletzten Mal,
als **ALLES** ganz anders war.

Blick in den Spiegel

Du schaust in den Spiegel
und schaust in ein Gesicht,
was Du nicht kennst,
welches Dir ist so fremd.

Faltige Haut und graues Haar,
die Augen sind glanzlos –
und unnahbar,
sind stumpf und sehen nicht klar.

Siehst durch sie hindurch
wie durch Nebelschwaden,
versuchst Dich zu erinnern –
klammerst Dich an einen letzten Faden,
an dem die Erinnerung hängt.

An ihm hängt die Vergangenheit
und das Glück?
Du weißt es nicht
der Spiegel gibt
die Erinnerung nicht frei.

Nicht ein wenig,
kein winziges Stück
wirft man den Blick
in gewesene Zeit zurück.

Das goldene Kind

Das goldene Kind –
sah mich an
auf der Seebrücke Heringsdorf –
und dann,
lächelten wir zwei uns an.

Es verbeugte sich fröhlich –
weil wir es ahnten, ja was?
Nein, wir wussten es, das –
unsere Wege so verschieden waren.

Wir hielten inne,
wenn ich mich erinnere,
schauten wir uns flüchtig an.
Nur einen kurzen Moment,
der nächste uns dann wieder trennt.

Fortan,
kam es herunter vom Streckelsberg.
Hier auf diesem Berg,
wo wir uns einst trafen,
alles um uns herum vergaßen.
Gingen spazieren am Sturmfeld,
wir fühlten uns wie die Herren der Welt.

Ganz nah an den Klippen zu balancieren –
Unwegsame Pfade
dem Abgrund gefährlich nahe,
der sich uns zeigte,
vor uns unendliche Weite.

Tief verwurzelt stand ein riesiger Baum,
so groß, so gewaltig –
Die Wurzeln über die Erde ragen.
Mit eingeschnitzten Erinnerungen
an so vielen Tagen.

Von unzähligen Liebespaaren besucht –
die hier bekamen nicht genug
von der Seeluft, dem Meer
und dem Abenteuer des Lebens.

Deine ausgebreiteten Arme –
wie ein Adler, so breit,
erfühltest die endlose Freiheit
in grenzenloser Zeit.
Flogst, so unendlich weit
über die endlose See –

Warfst Dich in die Fluten,
und wolltest hoch hinaus.
Die fliegenden Möwen
kreischten vor Vergnügen so laut –

Ja, ich habe so fasziniert geschaut.
Und wir, wir waren es ja gewohnt –
uns zu laben an des Meeres Brust.

Damals war es uns nicht bewusst;
Nein!
Wir lebten nicht in der Gewissheit –
dass jeder Tag könnt' der letzte sein.

Lahmer Flügel

Der Flügel lahm,
warst angeschossen,
blutend –
dein linker Schweif gebrochen.

Versuchtest immer wieder,
Dich in die Lüfte zu schwingen,
warst zu schwach;
Nur ein kurzes Aufleben,
ein kleines Aufbeben.

Warst dann wieder verzagt.
Der Flügel –
er schmerzt so sehr,
die Wunde muss heilen.

Ein letztes Zucken,
die Kräfte versiegen.
Nun nie mehr gekonnt das Fliegen,
gestrandet und am Ufer liegen geblieben.

Die Sonne am Horizont versinkt,
das Leben genommen,
die Nacht naht beklommen
und den Tod sie bringt.

Dein Baum

Im Wald an deinem Baum,
ein laues Lüftchen weht,
zu spüren war es kaum,
auch nicht, wie die die Zeit vergeht.

An deinem Baume liegen bunte Steine hier.
Sie leuchten im Licht und ruhen sich aus bei Dir –
Duftende Blüten, in farbiger Pracht
verströmen so süßliche Düfte,
ganz zart, so leicht und sacht.

Der Boden mit Moos bewachsen,
hört überall rauschend das Laub.
Die Äste knistern unter den Füßen,
der Wind will Dich flüsternd begrüßen.

Vögel zwitschern leise,
die Bäume lauschen still,
der Wind weht sanft in den Ästen.
Habe alles um mich herum vergessen,
lausche versonnen dem Wald.

Spüre nur die Milde, es ist gar nicht kalt.
Nein, eher lau.
So beschaulich nun die Stille.
Ja, was war genau –
Was war dein letzter Wille?

Es nicht wissend –
Eher verklärend, alles von mir weisend –
Die Gedanken, die kreisen –

Unaufhörlich wie im Flug dahin.
Aber war es das, was Du je wolltest,
Sag mir, wonach stand Dir der Sinn?

In Betrachtung des Seins
und im Fluss des Lebens ertrunken –
In Gedanken an Dich bin ich versunken
so tief in mir, versteckt wie die Rehe im Wald.
Die Blätter in den Lüften fliegen fort ohne Halt.

Bewegen sich in die Weite des Horizonts;
Endlos in den Himmel hinaus,
bis kein Auge sie mehr sieht.
Trällernd singt ein Vöglein im Gehölz sein Lied.
Weit entfernte Rufe ertönen im Wald –
ihr Echo in den Sphären soweit hallt.

Was soll es Neues geben

Was soll es Neues geben,
wenn wir noch nicht mal
über Vergangenes reden.
Das Vergangene verdrängt,
fühlten uns viel zu eingeengt.

Uns freier zu fühlen –
und die Freiheit wieder spüren,
heißt es, nach vorne schauen –
nach vorn und niemals zurück.

Immer weiter zu gehen,
sich aus dem Fenster zu lehnen,
so weit hinaus –
Erlaube es Dir, traue Dich –
Nur Mut – fühle ihn Stück für Stück.

Der Sonne entgegen sehen,
zu empfinden den Morgentau –
Die Tautropfen im Gras erleben,
wenn ich über die Wiese lauf.

Ich spüre des Waldes Stille –
und ich weiß genau –
Wenn es soweit ist,
dann ist es Geschichte.

Schaue aus dem Fenster;
Die Sonne scheint Dir ins Gesicht,
der Wind streichelt Dich
sanft übers Haar;

Und es ist gewiss –
ja es ist klar –
dein Baum ist's,
auch meiner wird es einmal werden.

Er wird uns für immer vereinen.
An meiner Seite nur Du –
an deiner Seite ich.
Es ist kühl und still –
in der Ferne hör' ich Musik,
und ein Hauch streichelt leicht
und zart dein Gesicht;

Die Bäume biegen sich im Wind –
so wie in den Armen wiegend ein Kind –
welches neugeboren,
das Licht der Welt erblickt.

Benetzt die Haut vom Morgentau –
ich sitz' auf der Bank vor des Waldes Weg –
der uns zusammenführt
und für alle Zeit offen steht.

Wunschkind

Du warst so niedlich und so klein,
und Du solltest das Wunschkind
deiner Eltern sein.

Und sie waren so froh,
ja, so beglückt –
als Du einst das Licht der
weiten Welt erblickt.

Kamst zwei Monate zu früh,
wolltest nicht länger warten.
Deine Eile und dein Schrei
hallten so weit.
Du schriest so laut,
so schrill wie jedes Kind –
das das Licht der Welt erblickt.

Kalt ist's hier –
in der Mutters Leib
war's so schön warm,
so friedlich und so beschützt
fühltest Du dich bei ihr.

Später dann –
warst Du oft allein
und nur Dir selbst überlassen,
doch Du, Du wolltest nicht allein sein.

Dies war der Anfang aller späteren Mühen
und voller Schmerzen,
aber dein Lächeln bleibt stets im Herzen.

Sommerwinde

Der Himmel zeigt sich grau in grau,
und kalte Winde wehen –
und dabei weiß ich ganz genau –
ist's Herbst –
und Sommer ist's gewesen.

Die Schwalben fliegen so tief,
und der Regen ist nicht mehr fern.
Dabei hätt' ich's so gern,
dass warme Sommerwinde wehen.

Doch seh' ich hinter all' dem Grau –
ein Licht – die Sonne –
Versucht sich aus den Wolken zu drängen,
sich durchzuringen mit aller Kraft.

So hat sie es denn auch geschafft –
minutenlang zu scheinen –
doch währte dieser flüchtig' Schein nicht allzu lang –
schon wieder ist sie entschwunden.

Der Himmel zeigt sich wieder grau,
diesig ist's –
hab der Sonne Verschwinden
noch immer nicht verwunden –
Aber auch die Hoffnung nicht aufgegeben,
sie bald wieder zusehen.

Duft der Freiheit

Du, mein Schatz –
lebst ewig in meinem Herzen –
meine Freunde – die Gedanken –
mich manchmal so sehr schmerzen.

Möcht' mich bedanken –
für alles, was war –
für alles, was ist –
von meinen Träumen gestützt.

Verborgen hinter hohen Zäunen,
Kammern und Mauern –
in einem Verlies.
Schließ auf das Schloss –
lass sie frei,
lass sie hinaus, in die Lüfte.

Freie Vögel – sie fliegen -
atme tief ein –
Saug auf mit deiner Haut
und deinen Haaren –
alles, was wir einst waren.

Alles, was uns verband –
alles Sehnen – allen Schmerz,
unser liebendes, sich öffnendes Herz –

Spürst Du den Duft der Freiheit
und die Unendlichkeit des Alls?
Hörst Du den Wind flüsternd fragen
wohin Dich trägt die Zeit?

Die tiefe See

Du dachtest, dass Du die See
nicht mehr siehst,
Du fühltest, dass uns das Glück verließ.

Hattest kein Geld
und eigentlich nichts –
was Dich hier noch hält.
Hast Dich zurückgezogen,
suchtest nach dem Glück,
aber es ließ sich nicht zurückholen.

Kein einziger Funken
Hoffnung war da,
die Sehnsucht so schmerzlich
das Herz bedrückt.

Du gingst einen Schritt vorwärts
und wieder zwei zurück,
Warst benommen,
von soviel traurigem Spiel –
und Du – Du erreichtest niemals das Ziel.

Es warf Dich zurück mit aller Macht,
Du fielst hinunter,
verfehltest den Stein,
rutschtest aus und –

stürztest hinab in die tiefe dunkle See,
die Dich verschlang –
Sie gab Dich nie mehr her.
Du versankst im tiefblauen Meer,
das Du über alles liebtest.

Schatten der Nacht

Aus dem Land der Phantasie entfleucht
macht sich Ernüchterung breit.
Die Träume entfliehen,
hauchdünn und schwerelos
sie davon fliegen.

Übrig bleiben
die Schatten der Träume.
Die Schatten, die sich aufmachen,
anzudocken an mein Leben
und einzuziehen in dunkle Räume;

Auf Umwegen
versuchen sie mich zu erreichen.
Will entfliehen. Doch nicht so einfach.
Versunken im Verlies des Kellers,
zu dunkel die Nacht.

Die Schatten sich mit der Nacht vereinen,
so dass ich nichts sehen kann, bin blind.
Ob ich das Augenlicht je zurück find'?
Aus den Augen rinnen Tränen, die salzig weinen.

Es wird dauern, bis die Schatten auftauchen
in die Helligkeit des Tages,
in die Hoffnung und Zuversicht,
bis endlich eine neue Zeit anbricht.

Es wird dauern,
ein Leben lang –
immer nur bedauern
bis ich endlich zurück ins Leben fand.

Stark wie ein Bär

Wolltest stark sein wie ein Bär,
doch warst Du schwach wie ein Reh,
aber auch so schnell.
Mit der Schnelligkeit des Reh's
bist Du geflohen.

Aber eingeholt hat Dich der Tod.
Der Baum, an dem Du nun liegst,
der ist so schmächtig,
so, wie Du warst in deinem Inneren.

Äußerlich, ja, da warst Du stark
doch innerlich so schwach.
Hattest keine Kraft,
dem Leben entgegen zu treten.

Und ich?
Muss ich mich schämen
meiner Gefühle? Nein!
Ich umarme deinen Baum.

Ich wünscht' mir, dass überspringt die Kraft,
und wenn sie schwindet,
die Schwäche uns verbindet.
Die Schwäche hinzunehmen,
denn sie gehört dazu zum Leben –

Des Waldes Lichtung sich offenbart,
die satten, grünen Büsche zeigen ihr Gesicht,
die im Sommer zugewachsen sind, so dicht.
Im Herbst dann werden die Blätter rar,
die Bäume verlieren ihr Laub bis zum nächsten Jahr.

Das viele abgeworfene Laub,
ward' aufgewirbelt im Staub.
Kahle Bäume, kalter Boden,
weißer Schnee fällt, hart und gefroren.
Eiskristalle am Stamme frieren.
Im Frühjar werden sie ihre Frostigkeit verlieren.

Sie glitzern wie Sterne in der Sonne,
blitzen im kalten Schnee.
In Hoffnung auf des Winters Milde,
Oh, lass ihn nicht so hart regieren
in seinem so eisigen weißen Gefilde.

Die Gefühle und die Gedanken,
die sich heute im Wald zeigten,
sind nun nicht mehr hier.
Sich plötzlich von mir abwandten
und im dichten Nebel verschwanden.

Ja, hab' versäumt,
sie aufzuschreiben.
Von ihnen fehlt nun jede Spur,
die Gefühle sich verschieben –
und verändern;
Nur die alten
jetzt Einzug halten –
um alles Fühlen wieder neu zu erfinden.

Tränenbäche

Mein Gesicht
hat sich zugewandt dem Licht,
vom Licht geblendet,
sind meine Augen geschlossen.

Habe tausend Tränen vergossen,
Tränenbäche meine Wangen hinunter flossen,
wie ein riesiger Schwall,
ein salziges Tränenmeer.

Will Einhalt gebieten umso mehr.
Aber die Natur ist nicht zu überlisten,
Die Tränen fließen davon,
sie verlieren im Sand ihre Spur.

Aber das Sehnen nach Dir,
all' die Bilder der traurigen Vergangenheit
blieben für immer in mir.
Lagst neben mir, konnt' es fühlen;
Die Sehnsucht aber, wurd' nicht gestillt,

Die große Sehnsucht war nicht gewillt,
zart zu umtanzen das Herz,
grausam es so sehr schmerzt.
So öffnet sich das Band,
verschließt sich aber im Bann
aller endlosen Tage.

Dunkle Tunnel

Soviel Sehnsucht war nicht zu ertragen –
Liebtest nicht mehr dein inneres Kind;
Dein Körper musste bluten,
ob soviel Sorglosigkeit, ihn zu überfluten.

Dem Leib zu schaden für alle Zeit,
die Grenzen überschritten;
Dein Retter für die Ewigkeit
hat Dir das Leben genommen.
Hinweg zu kommen über alle Schmach,
über alles Weh und alles Ach.

Doch Du hast im ewigen Spiel des Lebens
Leichtigkeit und Leichtsinn vernommen.
Hast den Winter verachtet, ihn zugedeckt,
den Frühling wieder zum Leben erweckt,
hast Deine blutenden Wunden geleckt.

Warst gefangen im Tal des ewig dunklen Lichts.
Aufzuhellen die Finsternis, zu erproben den Verzicht.
Zu erkennen, dass die Verderbnis erbricht.
Dann vielleicht verliert die Grausamkeit an Gewicht;

Die düstere Last ist fokussiert auf Berge,
die zu überwinden, auf Wälder,
die zu durchwandern und auf Seen,
die zu durchschwimmen sind.

Der Versuchung zu entgehen,
dann die Bürde zu überstehen,
sich hinab gleiten zu lassen;
In die Tiefe dunkler Tunnel hinab zu sehen,

um am Ende in unendlich
weißem Licht zu erstrahlen.
Dieses alles aufblitzende Licht,
zeigt sich vielleicht –
Irgendwann.

Meine verlorene Liebe

Ich trauere um meine
verlorene Liebe,
der Himmel trauert mit mir,
und so weinen wir gemeinsam.

Doch ich, ich bin so einsam,
fühl mich so verlassen,
von Gott und der Welt.
Für mich gibt es keinen Tod,
vielleicht ein Paradies.

Die Einsamkeit verliert sich –
irgendwann in ferner Zeit –
Bis dahin jedoch
ist der Weg so unendlich weit.

Dein Lächeln

Du lächelst mich an –
immer noch – schaust zu mir.
Ich schau zu Dir zurück –
mit Erinnerungen im Blick.

Erinnerungen an eine Zeit,
die zurückreicht so weit.
Bist Du auch nicht mehr
aus Fleisch und Blut –
so ist Dein Lächeln
auf einem Foto festgehalten –
Mit Augen voller Hoffnung und Mut.

So wie ich Dich gern fest halt;
Für immer –
Bei Dir sitze ich hier im Wald
auf einer Bank, die Luft ist mild,
ja, gar nicht kalt.

Die Bilder in meinem Kopf tanzen wild.
Wie ein Fluss, der alles mit sich reißt
aus einer Flut von strömendem Wechselspiel
dunkler Farben auf dem Pfad ins Ziel.

Der mich zu erreichen vermag.
Flugzeuge sich am Himmel bewegen;
nur eins – es steht, kommt nicht voran.
Welches ich mit mir selbst vergleichen kann.

Der Motor läuft und läuft, doch verpufft;
Es steigt auf ein Duft,
nein, eher Gestank,

der aus den Röhren des Rumpfes stammt.
Verdreckt die Luft,
erhebe mich jetzt,
laufe die Wege entlang.
Komme nur nicht so recht in Gang.

Ich muss jetzt weiter,
wieder einmal mehr,
wohin - ich weiß es nicht –
vielleicht ans Meer?

Oder einen unbekannten Ort,
der mich fortspült,
die Erinnerungen mit sich nehmend,
Dein Bild im Gedächtnis
und Dein Körper, sich an mich lehnend,
dessen Wärme ich noch spüre.

Ja, ich spüre ihn warm und zart zugleich,
Dein Dir eigener Duft umfließt mich,
hüllt mich ein.
Das ist alles, was bleibt –
alles, was noch übrig ist.
Es mich bis ans Ende dieser Welt treibt,
göttliche Gedanken und Träume
mich innehalten lassen.

Von dunklen, tiefen Gefühlen,
die mich aufwühlen
und Grenzen, die kein Ende kennen,
lösen sich auf wie Wölkchen
am Sommerhimmel.

Blau wie das Meer

Sprich zu mir,
sag, bist Du mir böse?
Sag mir, sag.

Meinst Du wir lieben uns auch morgen noch,
so wie am heutigen Tag?
Wenn uns Welten vielleicht trennen,
wenn wir unsere Zukunft nicht kennen.
Sind wir uns trotzdem nah?

Verzeih mir meine Sorgen,
schenkt uns die Liebe heute und morgen,
unendliches Vertrauen?
Ich schau Dir in deine graublauen Augen,
die fast so blau sind wie das Meer.
Ich hab so Sehnsucht,
ach, komm' doch zu mir her!

Alles, was zählt,
ist unser Lachen,
wenn wir zusammenhalten,
können wir es schaffen.

Du warst der Kapitän

Du warst der Kapitän –
und ich –
die Stewardess.
Hieltst unser Schiff auf Kurs –
bis zuletzt.

Im Bermudadreieck gefangen,
verirrt,
der Kompass schlug aus –
das Ziel verfehlt;

Unser Schiff ging unter,
und das Meer Dich verschlang –
mit letzter Kraft
ich ans Ufer gelang.

Konnte mich noch retten,
doch wozu?
Du fehlst mir unendlich,
sag mir, wo bist Du?

Glitzerndes Wasser

Vor mir das Schilf
im Wasser sich biegt,
das Wasser des Sees,
so glitzernd in der Sonne –
sich an mich schmiegt.

Verliebt
wie ich bin,
verliebt wie Du bist,
für immer meinten wir – ist es gewiss,
dass wir treiben, hier auf dem See.

Wir streicheln uns inniglich,
lieben das Wasser
und den Strand,
wenn wir uns umarmen.

Kühlen unsere Körper
für immer vereint,
später dann, wenn der Himmel weint,
sträuben wir uns dagegen.

Wollten für immer im Glück
schwelgen, so wie die Bienen fliegen
von Blüte zu Blüte,
sie bestäuben und lieben.

Sie behüten, sie stillen,
unsere Liebe einhüllen,
wir versuchten zu bleiben,
und uns unsere Fehler verzeihen.

Unsere Sprache

Unsere Sprache war eine andere.
Unsere Sprachen waren sich fremd.
Du kamst vom Mars –
Und ich von der Venus.

Wir kamen von fremden Orten,
auf einem anderen Stern geboren.
Unsere Fremdheit war uns angeboren.,
von Anfang an waren wir verloren.

Wenn Dich ich sah –
dann sah ich Dich nicht;
Wenn Du mich sahst,
dann sahst Du mich nicht.
Wir sahen uns – doch sahen uns auch nicht.

Verstanden uns –
und verstanden uns nicht.
Geboren ich hier –
und Du dort – des Lebens gemeinsamen Hort
wir vergeblich suchten.

Auf der Erde untrennbar zu sein,
ja, dieses Leben wir suchten.
Aber im nächsten Moment
wir unsere andere Welt
so unheimlich verfluchten.

Eine Zeit lang wir uns besuchten –
ja, diese Momente gelangen.
Eine schöne Zeit, doch viel zu kurz –

Weil unsere Sprachen
so verschieden waren,
die störten einander Einigkeit.

Kein Verstehen;
kein Sehen,
keine Harmonie –
Wir brüllten und wir schrien –
Doch die Schreie im Nichts
verhallten.

So gingst Du zurück zum Mars
und ich gehe zurück zur Venus.
Einst gekommen,
geboren und aufgelöst –
in tausend kleine Teilchen
des Universums verstreut.

Liebessterne

Verbrennt mich Deine heiße Glut,
verfloss so schmerzvoll Dein rotes Blut.
Das Herz, das schlug lodernd vor Verlangen,
in Deinen Augen glühten Liebessterne,
die sprangen von Deinen blassen Wangen.
Feuchte, blanke Perlen an süßen Trauben
und die graublauen Tauben,
sie im ausschweifenden Gleitflug rauben.
Die weißen Schwäne fliegen fort
über unseren Körpern,
die sich tanzend im Takte wiegen.
Sie können von den Liebessternen
nie genug kriegen

Immer wieder das Meer

Das Meer –
Ursprung allen Lebens –
das Wasser sich zeigt,
ich mich verneig
vor soviel Schönheit der Natur.

So frisch, so wild, so frei,
unendlich die Gezeiten,
tagein und tagaus sie bereiten
vierundzwanzig Stunden lang
ihr Tun nach dem Mond,
dem weißen.

Uns willkommen geheißen,
in Gedanken versonnen
und versponnen
im Netz der Phantasie.

Liebkos' ich Dich
vom Kopf bis zu den Zehen.
Möcht', dass wir zusammen gehen –
ins Paradies –
der aufgehenden Sonne entgegen.

Seelenverwandt

Seelenverwandt wir waren
aus gleichem Holz geschnitzt;
In vielen Momenten, Monaten und Jahren,
was haben wir über uns erfahren?

Wusstest Du über mich Bescheid?
Ich ließ Dir keine Zeit
und ich hoffte, dass Du mich stützt.
Ja, aber wie?
Du warst doch selbst so schwach.
und ach –

Oft genug übersah ich Deine Probleme.
Irgendwann gabst Du mir dann
zu verstehen –
Ich war irritiert, geschockt,
Du könntest mir nicht helfen –
stecktest selbst in einem tiefen Loch.

Beide haben wir unsere Angstschreie übehört
das Universum hat sie geschluckt –
Haben unsere Absurditäten;
und unser Leben verflucht –
Ich war in mich gekehrt,
und Du hast mir den Rücken zugekehrt.

Traumphantasien

Alle Hoffnung verloren,
ein Leben umsonst gelebt,
unter einem falschen Stern geboren,
den Weg ins Ziel verfehlt.

Kinder- und Jugendträume versäumt,
und Freude nicht erlebt.
Vertane, unnütze Zeit geopfert
und verlorene Liebe abgelegt.

So viele sorgenvollen Gedanken
gedacht und unentwegt
zerrissene Traumphantasien verträumt
und sie – wie gejagtes Wild erlegt.

Gerodete Bäume dem Wald gestohlen,
und des Waldes Stämme hundertfach zersägt,
vom rechten Weg abgekommen
und ins hohe Gras gelegt.

Niemals wieder Hoffnung gefunden,
sie war zu gut versteckt.
Nicht ernst genommen
von den Gegnern der Nacht –
Kein Körnchen Wahrheit bekommen
und niemals Respekt.

Schatten der Vergangenheit

Die Schatten der Vergangenheit
werfen sich über mich –
mit einem schwarzen Kleid.

Sie klammern sich an mich,
lassen mich nicht los,
stets holen sie mich ein,
verlassen mich nicht.

Dringen immer wieder
in mein Leben ein,
sind boshaft, haben höhnisches
Gelächter über mich gebracht
und mir angezogen
das schwarze Kleid der Nacht.

Haben lange Hälse,
die sich über mich beugen,
haben verlogene Münder,
die von Grausamkeit zeugen.

Mit dem Teufel sie bedenkenlos
Nachwuchs zeugen.
Die Schatten sich vermehren
und mir den Einzug
ins schattenlose Leben
verwehren.

Tanz der Bäume

Der Wald lädt uns ein zu einem Fest,
in dem er die Bäume tanzen lässt.
Sie drehen sich im Wind,
wo einst alles begann.

Wo wir hier heute beisammen sind –
die Blätter, abgeworfen im Herbst vom Wind,
ja, und die Blätter, die hier noch liegen
und welche, die im Wind sich wiegen.

Andere werden aufgewirbelt – so wild,
lassen uns vergessen jeglichen Schmerz.
Erzeugen ein Bild, welches das Heimweh stillt;
Schweben dahin in freiem Schwung,
freuen sich, sie sind noch so jung.

Ein Lied ertönt, nein ihrer viele,
und im Moment der schönsten Spiele,
wenn wir anstimmen die Weisen und Melodien
beobachten wir sie voller Euphorie,
wie sie kunstvoll ihre Schneisen ziehn.

Die Tiere des Waldes stimmen mit ein,
sie begeistern uns ein Leben lang,
und waschen unsere Seelen rein.
In majestätischem Flug
kreisen die Vögel am Himmel entlang.
Sie lassen sich auf die Äste nieder,
davon bekommen sie nie genug
und singen ihre Frühlingslieder.

Und der Kuckuck singt sein schönstes Lied,
denn wenn er ruft,
lässt er uns wissen,
wie lange es uns noch gibt.

In die lange Fahrt des Lebens hineingerissen,
steigen wir ein und drehen uns im Rad des Seins –
So erschließt sich uns des Lebens weiser Sinn,
spiegelt leicht sein Antlitz darin.

Er lässt uns aufleben, hier,
dort, wo geboren wurden wir.
Der Kreis des Lebens seine Bahnen zieht,
und er sich letztlich wieder schließt.

Heiße Sonne

Heiße Sonne, deine Strahlen leuchten
unendlich und fluten
die Weite der Prärie.
Lange wir sie suchten –
die feuchten Wiesen,
aber wir fanden sie nie.

Nähren und stillen den frischen Regen,
suchen ihn zu entdecken;
Er wäre so ein Segen;
auch Bäche und wilde Wasser,
welche führen in die endlose See.

Schaukeln und wiegen
die Boote im Wind,
tragen des Fischers Liebe,
ja, hoffen, das er die Glückseligkeit vernimmt.

Flötende und zwitschernde Vögel,
zerstreuen Blätter und Samen.
Dem kühlen Nass näher kamen,
wenn sie eintauchten ins Meer.

Machen sich auf in strudelnder Bewegung,
nähren sie dem kühlenden Fluss;
Traurig am Himmel ein Flugzeug fliegt,
von fern nun leise Abschied nimmt.

Die Klänge des Fliegers schicken
einen langen Abschiedsgruß –
Ich warte für immer
auf Deinen langen innigen Kuss.

Geflügelter Drache

Geflügelter Drache,
der Du mir entgegen fliegst.
Gefährlich Dein Gebaren,
glutvoll und wallend
dein Blut mich richt'.

Sei mein Gefährte,
beschütze mich –
vor den Gefahren des Universums
und dem verdunkeltem Nichts.

Das sich versteckt
hinter flutendem Licht.
Das Meer der Gezeiten
verändert sich.

Sei mein Beschützer,
halte ein,
sei mein Vertrauter,
auf ewig mein.

Berührst mich mein starker Held,
Du, der mich nie vergisst.
Deine Zuversicht für ewig hält –
Du, der mir Treue und Liebe verspricht.

Sind für immer umarmt,
Du, der mich einst so zärtlich umgarnt.
Kamst aus den Wolken mir entgegen,
wollt's in den Fluten stranden verwegen.

Du gelber Mond

Du gelber Mond mit dem Gesicht,
schaust in mein Fenster hinein
und leuchtest so hell,
aber Du kennst mich nicht.

Die Katze auf dem Dach
liegt auf der Lauer,
sie wartet ab.
Wartet auf den Leckerbissen,
den sie vereint mit ihrem Gewissen,
fangen will, sie ist so gerissen.

Flink springt sie herab,
der Maus hinterher.
Sie spielt ein Spiel.
Aber die Maus ist schneller,
und ist auf der Acht.
Verschwindet im Mauseloch,
im dunklen Keller.

Doch die Katze ist hellwach,
instinktiv versucht sie noch immer,
die Maus zu fangen.
Das Prozedere geht nun
schon die ganze Nacht.

Der Mond scheint taghell ins Zimmer,
die Katze sitzt und wartet mit großer List.
Ruhelos wälze ich mich umher,
drehe mich von einer Seite auf die andere;
kann nicht einschlafen,
weil die Jagd noch immer nicht beendet ist.

Ich stehe auf
und wandere durchs Haus.
In meiner Ruhelosigkeit,
getrieben von Gedanken an Dich,
doch Du, Du zeigst Dich mir nicht
seit über einem Jahr
verwehrst Du mir die Sicht.

Anders als der Mond,
der mit seinem Gesicht
in mein Fenster schaut,
und erhellt die Stube in der Nacht,
hat er nunmehr die Finsternis verjagt.

Aber Du, Du bleibst verschwunden,
denke an damals –
als Du ganz im Verdacht
auf ein Stelldichein –
mich nach Haus gebracht.

So verliebt wir einst waren,
haben wir so manches Stück
über uns erfahren.
Doch unser damaliges Glück
war geprägt von der Vergangenheit,
die nichts Gutes zeugt.

Mit der Zeit
waren wir mehr und mehr
dazu bereit,
unser wildes Leben
zu leben und einander Innigkeit
zu geben;

In Liebe zu verschmelzen,
in immerwährender Zweisamkeit.
Doch waren die Tage gezählt,
die uns blieben.

Von Hast und Ruhelosigkeit getrieben,
von Sorgen und Streit,
war trotz allem der Mond
unser Vertrauter,
und ewig unser Freund.

In hundert Jahren

In hundert Jahren habe ich
noch nicht vergessen,
was wir einst gemeinsam besessen;
nur uns, sonst nichts –
vielleicht zu ändern unser Gesicht.

Zu leben in Eintracht und Harmonie,
das, was wir wollten,
erreichten wir nie.
Jetzt zittere ich wie Espenlaub
und friere.

Bin zu leicht bekleidet,
wärmende Jacken fehlen.
Es ist zu dunkel,
so schwarz die Nacht und es ist kalt.
Mir ist so kalt
und ich vermisse Dich – unendlich.

Leuchtendes Federkleid

Die Schwingen ausgebreitet wie ein Adler –
So schwerelos gleitest Du dahin.
Niemals kam es mir in den Sinn,
dass Deine Flügel wären zu schwach.

Glaube mir,
niemals habe ich's bedacht,
aber Du hast letztlich
die Landung nicht geschafft.

Dein Federkleid leuchtete
so glänzend im Wind.
Später hast Du verloren
diesen betörenden Glanz.
Einst funkelten unter Deinem Gefieder
so schöne goldene Flügel.

Am Himmel ziehen dunkle Wolken auf,
und Du nimmst Abschied;
Im finsteren Wald, so tief,
liegen umgestürzte Bäume zu Hauf'.

Wespen, Hummeln und Bienen
summten im Wind.
Flogen auf und nieder,
die Blumen und Blüten sie bestäubten,
aufgewirbelte Samen so weit verstreuten.
Neues Leben entstand,
wir aber haben diesen Zauber nicht erkannt.

Suche nach Glück

Auf der Suche nach dem Glück,
warum geboren?
Schau zurück.
Kein Erinnern an das Geschehen,
an die Geburt,
wir uns begegnen –
Zufall?
Schicksal?
Alles ist möglich.
Vielleicht.

Augen, die schauen,
ein Mund, der spricht.
Wiegende Hüften,
die tanzten im Licht.
Worte, die verblüfften,
kamen wie aus dem Nichts.
Versprachen, zu lüften,
das Geheimnis um Verzicht.

In Verzicht auf Liebe und Freude,
suchten sie die Nähe, zugleich die Ferne,
fanden den Himmel und die Sterne.
Entdeckten in sternenklarer Nacht,
plötzlich doch die Liebe, die Umarmung,
die uns Klarheit verschafft.

Verschmelzende Körper,
die sich dann
auf der Sandbank des Meeres
vereinten –
irgendwann.

Glutvoll aufsaugende Küsse,
verzehrende Begierde,
schaumvoll und lüstern –
Nackte Körper vom Meer verschlungen,
im kühlen Nass in den Wellen versunken.

Hitzige Leiber aufgesogen von der Sonne,
von der Glut verbrannt.
Voller Wonne hat uns unser liebend Herz erkannt.
Von jeglichem Liebreiz erfasst,
und dann doch ins Jenseits verdammt.

Wunderblume

Zweifarbige Blüte,
so selten gesehn,
Wunderblume, so faszinierend schön.

Sommerhitze erschöpft all' die Blütenpracht,
erholt sich nur in kühlender Nacht.
Regen, der das Wachstum voran nun bringt,
heißer, trockener Wüstenwind
die Blüten zum versiegen zwingt.

Schließen sich die Kelche und Münder am Abend,
öffnen sie sich im Sonnenmorgen.
Vom Tau erfrischende Spinnen, sich labend,
Wespen und Hummeln im Wasser badend.

Die Sommerblume mit ihrem Kleid entzückt,
ihr Blick in die Weite uns so entrückt.
Sie wächst so farbenprächtig und beglückt,
voller Sehnsucht schaut sie, ja so verzückt.

Fort nun geh' ich

Fort nun geh' ich,
fort hinaus,
geh hinaus in die weite Welt.
Weit weg,
weil mich hier –
nichts mehr hält.
Mit unsagbar traurigem Gemüt,
es mich an weit entfernte Strände zieht.
In dunkle Wälder,
die mir Kraft geben,
Kraft für ein neues Leben.
Auf hohe Berge,
die hoch in den Himmel ragen,
Berge, die mich mit Leichtigkeit tragen.
Felder, die wachsen,
sind nicht verdorrt,
erwarten mich,
erwecken mich
an einem himmlischen Ort.

Wolfskind

Lebtest und tolltest im Wald umher,
deine Geschwister sind verstorben,
sie leben nicht mehr.

Vom Jäger entdeckt,
obwohl im Dickicht versteckt,
zog er das Gewehr,
und schoss sie nieder –
deine so geliebten Brüder.

Er feuerte so wild drauf los;
Deine Geschwister verbluteten
elend in der Erde Schoß.
Deine Mutter wollt' beschützen euch bloß,

Doch ward sie selbst getroffen
von einer Kugel, die ihren Leib zerfetzte,
das Glück der Wolfsfamilie aufs Spiel setzte.
Auf eine Zeit voller Liebe umsonst zu hoffen.

Traurig Du auf den Boden sankst,
Tränen flossen aus den Augen,
die voller Grauen in die Nacht schauen.
Du weintest ganz leise und bangst,
Warst auf der Hut, damit der Jäger Dich nicht hört,
und zu guter letzt auch Dein Leben zerstört.

Bist jetzt ganz allein,
musst kämpfen ums überleben,
dabei bist Du noch so klein.
Streunst umher, musst alles geben.

Deinen Weg stets weiter zu gehen,
dem Jäger zu entwischen,
doch Deine Familie wirst auf ewig vermissen.

Überschreitest Grenzen und Zäune,
musst ins Dorf hinaus,
willst Deinen Hunger stillen,
und auch Deinen Durst.

Unendlichen Gefahren ausgesetzt,
zu hoffen, dass das gefährliche Netz
der Flucht vor den Jägern mit List,
hoffnungsvoll zu umgehen ist.

Entkommst ihrer Spur,
sie warten darauf nur,
Dich zu kriegen,
aber Du, Du wirst siegen!

Langes Jahr

Langes Jahr, zu kurz die Zeit,
die Tag für Tag vorüberstreicht.
Jeden Tag reiß ich ab,
ein Kalenderblatt.

Denk ich darüber nach,
weiß ich, das alles Ungemach
sich einschleust in die Gedanken.
Minuten, Stunden, Tage lassen mich wanken.

So weit die Zukunft,
wie viel Zeit noch bleibt?
Werfe zurück die unglückseligen Gespinste.
Wünsche mir, dass sie dort verweilen;
Und die Wellen sie nicht ans Ufer treiben.
Schiebe sie hinaus, sind so fern.
Ach, blieben sie doch da!
Suche den einstig leuchtenden Stern.

Garten der Vergangenheit

Der Garten ist nun Vergangenheit,
so wie die gemeinsam verbrachte Zeit.
In guten wie schlechten Tagen,
wir hier zusammen waren.

Zu oft blieb jeder nur für sich,
Wolken zogen auf, verdunkelten das Licht.
Die Zeit verging, einst zögerlich –
Dann schnell, in rasender Manier.
Du dort – und ich hier.

Blüten fliegen durch die Lüfte,
der Wind bracht' sie fort
und verstreut sie;
soweit das Auge schaut.

Aufzusaugen die wundervollen Düfte,
zu schweben in unendlich weite Lüfte.
Lassen den Garten hinter uns, die verflossene Zeit.
Vergessen das Gestern, die Vergangenheit;

Suchen die weite Ferne –
Fliehen in den tiefen Wald.
Suchen das Heute, soweit das Echo hallt;
Friedlich ist es hier – war hier so gerne,
in der unbekannten Fremde ist's so kalt.

Doch so schmerzlich ist Dein Verlust,
einstmals glücklich und damals viel gelacht.
Jetzt nur tausendfach zu spürender Verdruss,
und Traurigkeit das Herz bewacht.

Der Wind kühlt die heiße Nacht

Der Wind kühlt die schwarze heiße Nacht.
Vermisse den Regen,
der ward' vom Ritter der Gluthexe bewacht.
Hab auf den Regen gewartet – wochenlang,

Vermisse Dich auf allen Wegen,
Du fehlst mir so sehr –
so wie der Segen bringende Regen.
Das flutende Nass,
das der Natur, den Pflanzen
und Tieren bleibt versagt.

Die Sonne brennt so heiß,
vertrocknet die Felder und Flüsse,
keine schwimmenden Schiffe,
der Pegel sinkt mehr und mehr.

Verschlingt alles Grüne und Frische.
Im fremden Häfen strandende Schiffe,
laufen nicht mehr aus, sie stecken fest,
sie steuern zu auf vernichtende Riffe.

Nichts ist echt

Alles ist unwirklich,
nichts ist echt,
welche Rolle spielen
Glück und Pech?

Schau in die Wolken,
sieh in die Gesichter,
sieh die Gebilde
und auch die Lichter.

Wolken ziehn am Himmel entlang,
versprechen Musik und lieblichen Klang.
Liebkosen einander, kommen sich nah,
umarmen und küssen sich immerdar.

Verschließen sich und öffnen sich im Wechselspiel,
faszinieren und verziehen sich oft und viel.
Entfernen sich weit,
doch der Wind bläst sie in die Vergangenheit.
Lässt sie erscheinen in Raum und Zeit,
ja, lässt sie tanzen im prächtigen Traumzauberkleid.

Alte Zeit

Ruhst sanft auf weichen Kissen.
Fliegst den Wolken entgegen
auf dem Weg in ewiges Leben.
Wann werden wir uns wieder sehen?
In Gedanken an Dich
werd' ich Dich ewig vermissen.

Neigt sich das Leben, die alte Zeit,
seinem Ende entgegen –
Und ein endloser Fluch
will die Zukunft bewegen.

Ascheregen fällt aufs Haupt,
einst war das Antlitz umrahmt
von dunklem Haar,
der Schopf ist jetzt ergraut,
umgeben von einem löchrigen Netz.

Schwerfällig bewegt sich der Leib,
zu warten auf die künftig neue Zeit,
dreht sich vorwärts der Zeiger der Uhr,
aber ein schier endloses Warten nur.

Universum

Schwacher Puls und geliebter Fremder,
Kräfte zehrende Prozesse, ferne Länder,
heiße Vulkane, glutvolle Momente,
fauchende Schwane,
tausende, ja, zahllose Experimente.

Ziehende Vögel am Himmelszelt,
tropfender Regen vom Himmel fällt.
Steinige Massen versperren die Wege,
flutende Wasser erleuchten die Seele.

Aufblitzende Traumvisionen
erhellen die Nacht,
am Ende des Weges vom
schwarzen Baum bewacht.
Millionen Sterne leuchten am Firmament.

Wilde Rosse und zügellose Reiter
sind Wegbegleiter,
die zu glauben, man kennt.
In den Sattel geschwungen,
ferne Lieder erklungen,
so zart und weich –
sie klangen engelsgleich.

Am Ende des Tages sich verlebte –
der blaue Planet, die Erde bebte,
in tausende aufplatzende Teilchen zerfällt
das Universum, am Felsen zerschellt.

Abschied von Eisblumen

Wenn die Nacht vorbei ist,
bin ich endlich froh,
wenn ich den Winter hinter mir lassen kann,
empfinde ich ebenso.

Dunkelheit, Kälte und Einsamkeit zu entlassen,
erscheint mir mutig und enthusiastisch sowieso.
Im schönsten bunten Frühlingsgeschmeide
und im leuchtenden Sonnenscheine
trällern die musischen Vogelschnäbel.

Die Sonne verabschiedet sich
orangewarm von klirrenden Eisblumen
an den Fenstern der eisig kalten Stuben.
Dem Frühling zum Gruße
und seinen Königsvögeln im Flusse

erklingt das Konzert in der lauen Lenzenzeit.
Wenn sie einsingen die Herzen,
wenn sie spielen im Winde
und die Kälteschauer ziehen schließlich vorbei.

Ich rette mich vor allem, was eisglatt
und frostig daherkommt.
Scheide mich von Eisbahnen und Schneewehen,
von Schlittenfahrten und zugefrorenen Seen.
Denk' an die verflossene Zeit – Immer noch,

seitdem Du fort gegangen bist.
Aber ich verwette nicht mehr mein altes Schwarzkleid.
Ich schnüre meinen Gurt nicht mehr so fest.
Ich denke, dass Du mich los lässt –

In ferner Zukunft, bald oder Jetzt.
Dann hätte ich die Wahl,
ja, ich hätte sie.

Mich zu verabschieden von altem Vorwurf,
von unverzeihlicher Schuld.
Ja, und hätte endlich die Geduld,
Dich so zu sehn, wie Du bist,
wenn Du mich umarmtest,
das wär' so unbeschreiblich schön,
wenn wir uns dann am Ufer gegenüber stehn.

Königin der Nacht

In weichen, duftenden Kissen versunken,
von den Wassern der untergehenden Sonne getrunken.
In goldenen Kelchen labten Insekten,
badeten im Fluss der fließenden Seen.

Wir neckten uns
und waren umsäumt,
vom Wasser und von Blumenkränzen,
haben von himmlischen Traumtänzen geträumt.

Wir liebten wir die idyllische Natur.
Konnten uns nicht satt sehen,
an gepuderten Weidenkätzchen auf weiter Flur.
Spät lädt die kühlende Nacht zum festlichen Tanz,
mit ihren perlenden Tauen,
die funkeln im seidigen Glanz.

Wir erkannten diesen unsagbaren Schatz,
nahmen aber zu selbstverständlich Platz.
Erleuchtete Fabelwesen,
zarte Elfen und die Königin der Nacht,
schienen vom Geist der Nebelwände bewacht.

Im Winde zu spüren das zitternde Espenlaub,
weißer Wüstensand wandelt sich in heißen Staub,
der wie wild wirbelt in die Lüfte.

Kreisende Vogelscharen steigen auf,
ziehen mit sich betörende Düfte,
und malen einen purpurnen Himmelsverlauf,
ziehen hinfort, wo man die Endlichkeit wüsste.

Alles, was schwarz ist

Alles, was schwarz ist,
ist dem Tode geweiht.
Die Nacht ist schwarz,
hab' so viele Tränen geweint.

Schwarze Erde,
fruchtbarer Boden,
alles, was wächst, ist dennoch verloren.
Schwarz ist die Seele,
wurd' einst geboren.

Verwüstet das Leben,
verdorrt jeglichen Lebenstraum,
erschöpft allem zukünftigen Streben
allem Lug und jeden Raum.

Suche den Baum,
der Erkenntnis bringt,
der aus dem Schwarz heraus,
das Leben bunt beschwingt.

Niemand hat Zeit

Niemand hat Zeit,
keiner hört mir zu,
jeder hat nur mit sich selbst zu tun.

Bekomme keinen Trost,
kein Mitgefühl,
jedermann scheint alles zuviel.
Alles muss ich mit mir selbst ausmachen,
in der Ferne höre ich Menschen lachen.

Selbst befinde ich mich
in der Höhle des Löwen,
er gibt mich nicht frei,
kann mich allein nicht erlösen.

Frage nach dem Warum,
warum ist alles so verrückt,
der Teufel versperrt den Zugang zum Glück.
Es gibt kein Voran, nur immer zurück.
Habe alles verloren,
Wozu wurd' ich jemals geboren?

Das Licht des Lebens

Flammendes Feuer zündet
die Wahrhaftigkeit an –
Die Flammen leuchten im lodernden Licht.
Der Wind kann es löschen.

Versuche das Feuer
der Liebe zu schützen –
und auch die Illusion.
Eine fiktive Vision
will das Aufsteigen düsterer Gedanken stillen.

Mit vielleicht festem Willen
wird mächtige Erkenntnis gezeugt,
welche sich der Natur beugt –
Ein zarter Glanz der Liebe
wird von einem Hauch
von Beständigkeit zart gestreift
und das Licht des Lebens die Erde erreicht.

Wem vertrauen?

Wem vertrauen,
wem in die Augen schauen?
Wenn Dich das Licht verlässt,
wenn Dein Herz die Dunkelheit einlässt,
wenn Schmerz einzieht,
wenn Fröhlichkeit verklingt,
wenn Trauer der Wind mit sich bringt
und traurige Lieder singt.
Wenn die Gitarre voller Schmerzen schreit,
wenn ungetrocknete Tränen das Herz zerreißt,
vertraut man am besten nur sich selbst,
weil niemand anderes dieses Leid aushält.

Verträumte Bäume

Hunderte und aberhunderte
von verträumten Bäumen,
die des Waldes Wege säumen,
erfreuen sich des Lebens;
Sie wachsen niemals vergebens.

Nun jetzt –
in Laub und Geäst,
sich bewundern lässt,
der Vögel ausschweifender Flug.

Breiten aus kunstvoll geschwungene Flügel,
schweifen auf und ab,
fliegen über Tal und Hügel.
Der Vögel Freud' nun vereint
zu einem königlichen Feste.

Mit lichtem Strahl der Sonne,
die scheint durch die Äste.
In der Ferne hörbar so weit –
der Autos Schrei –

Weise fort das Gekreische
des Öls und die Pranken
der scheuen Wildkatzen,
die im Dickicht verschwanden.

Efeu um Bäume ranken,
sich auftuende trübe Gedanken
dann im Nichts versanken –
Es bleibt, verträumten Bäumen ewig zu danken.

Die Muse hat mich geküsst

Es hat sich so ergeben,
dass die Muse mich wieder küsst,
auf endlos langen Wegen
hab' ich sie so sehr vermisst.

Nun wandere ich sonnige Wege entlang,
das bunte Laub liegt am Boden schon lang.
Es raschelt unter den Füßen,
will schnell mich noch begrüßen.
Die Sonne scheint mir ins Gesicht,
keine einzige Wolke nimmt mir die Sicht.

Der Wald lädt mich zum Bade ein,
ich atme tiefen Freudenschein.
Mein Herz öffnet sich in meiner Brust,
es fühlt sich an wie Liebeslust.

Es öffnet sich und leiht mir Flügel,
steige auf das fliegende Pferd,
ich hebe ab und mache nie mehr kehrt.
Überfliege endlos weite Hügel.

Schwebe jetzt den Sternen entgegen,
beleuchte nun den Sinn im Leben.
Tauche in die Atmosphäre ein,
ja, suche die Weite, erkenne den Mondenschein.

Alptraum

Aus einem Alptraum erwacht,
hab' ich hinter mir gelassen die Nacht.
In des morgens Frühe
bleibt geschlossen für immer die Türe.

Besetzt von Dämonen,
die in der Finsternis wohnen.
In dunklen Baumwipfeln kronen
die Geister der Nacht.

Die im Sturm des wilden Windes
ihre Seelen verloren.
Versucht, Verbindung aufzunehmen mit Dir,
doch verliert sich hier jegliches Gespür.

Kann keinen Dialog mit Dir halten.
Zu spüren nur die Sinne, die erkalten.
Da Du nicht mehr mit mir sprichst.
Dabei sah ich noch vor kurzem Dein Gesicht,
welches war liebevoll umrahmt,
bleiben für immer in Liebe ssumarmt.

Kleid des Friedens

Sei zufrieden wie es ist,
hast ein Leben lang gekämpft,
es hat nichts genützt.
Den kalten Krieg hast hinter Dich gelassen,
und Frieden ist jetzt eingekehrt.

Der Atem tief,
die Brust gewölbt.
Die weiße Taube auf weichen Kissen schlief,
sieh den Himmel, noch ist er bewölkt.

Mit Macht die Sonne sich aus den Wolken befreit,
das Kleid des Friedens sich nun zeigt.
Kleidsam verführt vom Spiel des Lebens,
wurden Kriege geführt, vollkommen vergebens.
Sinnlos geführtes Kriegsgebaren,
friedliche Stille es jetzt für immer offenbaren.

Regenbogen am Himmelszelt

Auf der Suche nach der Vergangenheit
bin ich geflohen in die Zukunft, jetzt.
Jetzt? Goldener Staub das Glas benetzt.
In den Träumen erscheinst du mir so frei.

Immer ein Lied auf den Lippen,
immer fröhlich, niemals gehetzt.
Kamst mir mutig entgegen geritten,
hast den Platz auf dem Rücken des Pferdes besetzt.

Warst du wirklich frei?
Manchmal zweifle ich, bitte verzeih!
Selbst konnt ich mich nicht lösen
aus dem Gitterhemd.

Verschlossen ward' ich
und mir selbst so fremd.
Doch da du jetzt die Wahrheit kennst.
So reitet dieses Ross
immer weiter bis ans Ende des Horizonts,
der glutrot in der Ferne scheint.

Heiß und bitter er das Meer beweint.
Sonnenkristalle fallen auf die Erde nieder
In der Nacht, wenn es regnet
und der Mond scheint hell,
seh ich einen Regenbogen am Himmelszelt,
der den Mond beleuchtet und die ganze Welt.

Schmetterlinge im Bauch

Schmetterlinge im Bauch,
wollt ich fühlen
und die Liebe wieder spüren,
genauso, wie du auch.

Das Leben und das Lachen,
so sehnsüchtig die Liebe entfachen.
Viele Hoffnungen gepaart,
mit Freude und Lust erkannt.
Dunklen Süchten zu entfliehen,
mit Liebe im Herzen weiter zu ziehen.

Mit uns flogen die Schmetterlinge,
in so bunten Farben,
mit ihren sanften Flügeln im Winde,
als sie uns mit Leichtigkeit umgaben.

Umschwirrten uns in weitem Bogen,
bis wir sie nicht mehr aus den Augen verloren.
Und wenn wir im See beim Bade labten,
waren wir so froh, dass wir uns hatten.

Schwammen im Fluss des Lebens,
der Freude und im Gefühl des Glücks,
waren immer guter Dinge,
für uns gab es kein Zurück.

Für allezeit Liebe zu geben,
auf rosa Wolken zu schweben.
Das ist's, was das Leben ausmacht,
wenn die Sonne über den Wiesen lacht.

Oktobersonne

Hörst den Wind Du raunen?
In Deinen Augen ein Staunen.
Ob des strahlendsten Himmelblaus,
erfüllt sich herrlichster Augenschmaus.

Oktobersonne scheint so süßlich,
das ganze Jahr schon – so unermüdlich.
Sie schien und schien
und wollte immer scheinen.

Und mir gefiel es ohnehin, mag keine Kälte leiden.
Den Sommer den lieb ich,
so sehr – wie Dich.
Lass ihn in mein Herz nun strömen,
mit Kälte, Hass und Neid
wollen wir einander versöhnen.

Ein Wind kommt auf, nimmt mit sich blutige Gefühle,
Wollt' uns zwei für immer vereinen,
siehst mir hoch oben aus den Wolken entgegen,
Auf Tannenspitzen wollt ich Dir einst begegnen.

Dieser Sommer will niemals enden

Dieser Sommer will niemals enden,
die warmen Sonnenstrahlen,
die die Erde erwärmen,
werden bald das Laub so bunt verfärben.
Die zukünftig kalte Jahreszeit
mich hier nur befremden.

Die Blumen, die Früchte und der süße Wein
wachsen so prall, so prächtig wie von allein.
Bedürfen nur den wärmenden Sonnenstrahlen,
die sich in der Süße der Sonne aalen.

Entdecken und küssen die seidig gesponnenen Fäden,
der Wind trocknet die vielen Tränen,
die wie Perlen in der Sonne leuchten –
so wie der täglich entstehende Tau.
Jetzt die Wiesen im Morgengrau
die Lippen der Blumen befeuchten.

Geträumt

So sitz ich hier und träum',
dabei ich so viel versäum',
Tannenzweige bewegen sich im Wind.
Die Sonne scheint, die Zeit verrinnt.

Zärtlich gestreichelt vom zarten Hauch,
der mich streift, auch meinen Bauch.
Mein Haar und auch mein Gesicht,
so sanft, so zärtlich und lieblich.

Vor langer, langer Zeit,
als noch die Meere waren weit,
die Boote schaukelten auf dem Meer
und Fischer träumten eine schöne Mär.

Die Stimmen der Seejungfrauen klangen hell,
und die Schiffe segelten schnell,
umkreisten dann die weite Welt,
erreichten ferne Länder und das Himmelszelt.

So sann ich weiter und ich spann,
die schönsten Abenteuer dann,
die ich niemals auf Erden erlebt,
und zähe Zeit an mir klebt.

Der himmlische Zauber dann,
seine Träume, die ich einst ersann,
schreib ich nieder in einem Buch,
verhüllt in einem seidenen Tuch.

Der Morgen ist vollbracht

Gedankenversunken
von der Natur trunken
durchfährt mich –
ein Gedankenblitz.

Schnell mich bewegend,
verpasse sonst
den Sonnenuntergang.
Verweist mich,
ob kurz oder lang,
beizuwohnen der Schönheit.

Wenn die Sonne untergeht,
Hoffnung entsteht
und es bleibt – ein Wiedersehen
hoffnungsvoll am frühen Morgen,
der keinen Kummer kennt und keine Sorgen.

Aufgehende Sonne –
im wunderschönen Glanz der Morgenröte –
verspricht sie einen neuen Tag – voller Wonne.
Und im Angesicht der vergangenen Nacht,
die über den Schlaf gewacht;
Nun – der Morgen ist vollbracht.

Frühling

Ihr Bäume grüßt mir meinen Schatz,
den ich so liebte,
niemals vergaß.
Bis mein Aug' meinen Blick dann trübte,
wo sanftes Vogelgezwitscher
mich einst beglückte.

So warme Sonnenstrahlen
ergossen sich im purpurnen Regenbogen,
welche zart den Leib umwoben.
Licht gestreutes Blätterwerk
raschelte überm weiten Berg.

Unter Schatten werfenden Bäumen
im Wald die Vögel die Luft bestäuben.
Und Wege verlier'n sich im dichten Gestrüpp,
der Wald sich lichtet im eiligen Ritt.

Auf leisen Sohlen entfernte Schritte
auf grünen Wiesen in des Lebens Mitte.
Zu fühlen die raue Rinde,
wie leise schaukeln die Bäume im Winde.

Ein Schmetterling gleitet im weiten Flug,
ruht sich aus in der Lichtung, so lebensklug.
Seidig glänzen seine Flügel,
von der Sonne gestreift,
fliegt er über grüne Hügel,
so weit der Blick nun schweift.

Erkennst mein Lied

Hab ich diesen Schritt gewagt,
hab hier nun mein Herz befragt.
Wollt das Leben jetzt begrüßen,
mit neuem Glück es nun versüßen.

Bin nun nach dem Wandern süchtig,
sind mir Blätter, Gräser wichtig.
Tauche ein in Phantasien,
die Seen und das Meer mich zum Bade ziehn.

Prächtig seh ich Blumen wachsen,
seh die Wanderer, wie sie kraxeln.
Die goldene Sonne wärmt mein Herz,
kalte Tage und Nächte vergessen jeglichen Schmerz.

Ausgesucht, mich zu verführen,
Deine Stimme will mich rühren.
Dankest mir mit fröhlichem Gesange,
jetzt ist's mir lang schon nicht mehr bange.

Erkennst mein Lied,
was freudig ich einst schrieb.
Stehst mir mit Rat und Tat beiseite,
vergisst das Gestern und lebst das Heute.

Das kalte Bild

Küsse stets noch das kalte Bild,
die Liebe und Sehnsucht es nicht stillt.
Erinnerung an schönen Tagen,
mich deucht, brauchst lang nicht mehr zu fragen.

In Windeseile kommst Du angeritten,
neulich hatten wir uns noch gestritten.
Hatten uns dann wieder vertragen,
wollten einen neuen Anfang wagen.

Geküsst und lodernd vor Verlangen,
suchtest, liebkostest meine blassen Wangen.
Das scheue Herz, es klopft wie wild;
Was bleibt? Was bleibt?
Küsse stets noch das kalte Bild.

Bittersüß

So bittersüß das Verlangen ist,
das Lieben und das Sehnen.
Ich will Dich,
bitte verlass mich nicht.
Sei mein ganzes Leben.

Öffne die Augen,
verschließe sie nicht,
blick in mein offenes Herz.
Erkennst dann spät, mein liebster Freund,
dass die Zeit all' unsere Wunden heilt
Für immer geliebt und auf ewig Dein.

Ich will mit Dir leben

Ich will mit Dir leben
für alle Zeit.
Will alles geben,
in Ewigkeit.

Mein Herz ist groß und öffnet sich
Unsere Liebe blüht voller Zuversicht.
Umkreist alle Sphären,
Glück und Freude sie verspricht.
Jetzt alles hier zu geben,
wenn da nicht die Differenzen wären.

Du schmiegst Dich an mich,
und ich streichle und umarme Dich.
Sei mein Freund und Geliebter.
Wenn der Mond scheint ins Fenster herein,
dann will ich für alle Zeiten Dein sein.

So bitt ich Dich,
bleib bei mir
und verbrenn unsere Liebe nicht.
Ohne Dich kann ich nicht leben.

Kometenschweif

Sehe am Himmel einen Kometenschweif,
der mich glücklich macht;
Es tun sich auf, geheime Wünsche gleich.
Wünscht', könnt' die Uhren rückwärts drehen,
wünscht', Du kämst mir jetzt entgegen.

Aus den Weiten des Himmeltors
Öffnet jetzt sich in weitem Bogen,
ein Wölkchenzelt so verwegen,
nun fliegt mir ein Kormoran entgegen.

Lächelst, freust Dich, lachst mich an,
suchte Dich lang und fand Dich dann.
Dieser Wunsch ward' mir nun erfüllt,
Fühle deine Nähe, spüre deine Aura,
die mich umhüllt.

Meine Tränen erstickt

Meine Tränen erstickt –
mein Herz bedrückt.
In mir ein Sehnen
das verlangt nach Dir –

Auf ein Stück Papier –
schreibe ich auf,
schreibe auf die Liebe zu dir.

Salzig schmecken die Tränen,
und die roten Beeren
im Sonnengarten,
die schmeckten damals so süß.

Das ewige Warten
auf dich –
macht mich müd'
und überdies –
erdrückt mich die Last.

Wie wäre ich beglückt,
wenn du jetzt kämst zurück.
Immer nur warten,
warten auf dich.
Warten hier im Garten.
Warte für immer auf dich.

Gefallen alle Träume

Sie gab sich hin dem Wind,
der sie so zart umschlang –
Sie fühlt sich wie das Kind,
das froh im Spiele sprang.

Dann flutend wild die Stürme,
die hingeworfen sind
und wutentbrannt die Ströme,
die verlassen worden sind.

Das Herz vor Schmerz zersprang jetzt,
im Angesicht der Flut.
Gefallen alle Träume,
geflohen jeder Mut.

Und Herz zerreißend fühlt sie
das wilde Glockenspiel,
das klingt vom fernen Turme,
verfehlt enttäuscht das Ziel.

Gerungen mit der Liebe,
die sie so spät dann fand,
doch gestohlen wurd' vom Diebe,
verblasst das ferne Land.

Sie gab sich hin dem Triebe,
der zerriss sie wie ein Tier,
geblieben nichts als Lüge,
und ein leeres Blatt Papier.

Stille jetzt

Im Chaos versunken
und das schon seit Stunden,
nein,
eigentlich schon den ganzen Tag.

Bilder angeschaut und Briefe,
die seit Jahren geschrieben –
die Erinnerung geblieben,
an längst vergangene Zeiten.

Der Makel der
Vergänglichkeit haftet.
Sieht vor sich den Menschen –
wie er einst war.

Geboren in Freude
und erlöst vom Schmerz.
Es brennt das Herz –
voll zügelloser Leidenschaft
hört auf zu schlagen.
Stille jetzt!

Versteckte Gefühle

Was ich wirklich fühle,
das zeige ich nicht,
meine Gefühle verstecke ich
in einem Gedicht.

Mein Schmerz, meine Liebe,
meine Zuversicht,
bleiben in mir drinnen
und verlassen mich nicht.

Versuche sie über meine Lippen
zu bringen,
mag mein Herz vor Freude springen,
Möge das Heut' und das Morgen gelingen.

Die Liebe, das Glück, Freude und Humor,
singen mir ein Ständchen,
gemeinsam im Chor.
Der Vögel Gezwitscher am Morgen erklingt,
der Glocken Geläut den Tod bezwingt.

Sehe kein Licht

Warum kann ich keinen Schlaf jetzt finden,
wohin nun alle Sinne schwinden?
Warum mein Herz vor Liebe krankt,
hab mich schon lang nicht mehr bedankt.

Entweicht mir jeder Lebensmut.
Vor allem bin ich auf der Hut.
Wieso erleuchtet mich gar kein Licht,
auch, wenn es brennt, ich seh' es nicht.
Warum erfühle ich keine Wärme,
wieso erkenne ich keine Sterne?

Wie kann es sein, dass ich nur Kälte spür?
Wie ist es möglich, dass ich immer nur frier?
All' meine Gedanken bringen mich um den Verstand.
Berühren mich nicht, sie machen mich krank.

Wieso bin ich hungrig, obwohl gegessen,
ständig bin ich müd',
hab alles vergessen.
Bin immerzu traurig und nie vergnügt,
hab die Liebe verloren und mein
liebreizendes Gemüt.

Was fühlst Du?

Was fühlst Du?
Bitte sag es mir?
Fühlst Du Dich einsam,
ist Dir das Herz so schwer?

Fühlst Du immer noch
diesen großen Schmerz,
der Dich nicht loslässt?
Und das Herz, es berst.

Fühlst Du Freude
oder fühlst Du den Hass?
Fühlst Du Dich sicher,
oder fühlst Du Dich schwach?

Fühlst Du die Stärke und Zuversicht,
fühlst Du das Lachen auf ewiglich?
Fühlst Du Enttäuschung und Kränkung zugleich,
Fühlst Du Versuchung und Nähe,
die deine Seele erreicht?

Zu lange

Viel zu lange schon gelebt,
die ganze Sinnlosigkeit
niemand mehr erträgt.
Liebevolles Verständnis
und aufopferndes Mitgefühl?
Das war gestern!

Heute nur noch vergessen,
dass man sich nahe war
und stattdessen
nur noch genervtes Augenverdrehen.
Zu oft schon gefallen,
immer wieder aufzustehen.
Viel zu mühsam,
um die Welt zu verstehen.

Und den Berg hinunter gerollt,
den Aufstieg immer wieder gewollt,
zu mühselig, wie sich herausstellt –
und schmerzhaft wird ohnegleichen
immer weiter die Zeit verstreichen.

Vom Wind geküsst

Hab dein warmes, pochendes Herz,
das Du mir einst geschenkt –
in mein Herz hineingeboren.
Sich unsere Herzen für immer verbinden,
Hoffnungslosigkeit und Leere plötzlich schwinden.

Ich weiß jetzt, wenn es so weit ist,
unsere liebenden Herzen werden vom Wind geküsst.
Strahlen entgegen dem Licht.
Wandeln sich in goldene Sterne,
im weiten All blitzen sie in unendlicher Ferne.

Schauen auf die Erde nieder,
und von weitem erklingen wundervolle Lieder.
In Sternschnuppen sie sich wandeln,
in Harmonie miteinander verbandeln.
Wenn sie ihre Bahnen ziehen,
und im Weltenall für immer verglühen.

Dunkles Perlenmeer

Du mein pochendes Herz,
bereitest mir oft so unheimlich großen Schmerz.
Wenn ich zulasse traurige Gedanken,
die mich erinnern an einstige Zeiten,
die nach mehr und mehr Tränenperlen verlangten.

Die Perlen sich sammeln zu einem dunklen Schatz,
einem riesigen Perlenmeer.
Wie ein tobender Fluss es schwoll
und über endlose Ufer quoll.

Alles Liebevolle mit sich riss
und entgegensteuerte einem Riff.
Das Riff zersprang,
stürzt' hinab in die Fluten
und tausende Perlen im Wasser verbluten.

Goldblumen

Das, was Du versprichst,
das hältst Du nicht.
Lässt mich immer wieder hoffen,
doch der Ausgang der Liaison bleibt offen.

Die liebliche Hoffnung sich nicht erfüllt.
Fühle dein in mir lebendes Bild,
das sich immer noch zeigt.
Der Strauch der Erinnerung sich verzweigt.

Sehe durch die Äste der traurigen Vergangenheit,
von ferne – so weit.
Erkenne deine mir so bekannte Gestalt,
und so wird schon bald –

Übrig bleiben goldener Staub,
der auf dem Boden zerfällt,
Goldblumen daraus entstehen,
wachsen auf all meinen Wegen.
Die mir zeigen dein einstiges Leben,
die mich erinnern an Dich,
und mit ihren Fäden sich verweben.

Buntes Laub

Buntes Laub liegt überall,
raschelt, fliegt ins Weltenall.
In meiner Phantasie kommt mir
entgegen eine Dampfmaschine,
atmet schwer, spuckt beißenden Qualm.

Stößt ihn in die Wolken, verhüllt die Bühne.
Bewegt sich vor wie eine Schlammlawine.
Hexen köcheln ihren Sud,
brodelt die Suppe, so heiß die Glut.

Die mich verbrennt –
Hexenküche - hab laut geflennt.
Auf dem Besen reiten die Biester,
hinein in die Hölle, erst ist's düster.

Dann seh ich lodernde Flammen überall.
Hundegebell und Drachengeflüster,
heiße Steine, müdes Gelächter,
am Ausgang wacht ein schwarzer Wächter.

Behütet dieses Lumpenpack,
vergisst sich, pocht auf den Vertrag,
der mit gierigen Monstern abgeschlossen,
eine Flucht jedoch ist ausgeschlossen.

Schabernack und böses Spiel,
bäumt euch auf, ihr verlangt zu viel.
So kehret euren derben Leib,
reiht euch ein, vergesst die Zeit.
So spukt es und es schäumt,
drumherum, so wie geträumt.

Wankelmütig

Bin so furchtbar wankelmütig,
war früher großzügig und auch gütig.
Jetzt kratzbürstig und schlecht gelaunt,
steh neben mir, bin ganz erstaunt.

Habe das Theater satt,
das mich ärgert, Tag und Nacht.
Getarnt kommt mir ein Vogel entgegen geflogen,
gibt sich freundlich, scheint mir gewogen.

Doch näher hin ich nun geschaut,
selbst die Katz erschreckt sich, hat laut miaut.
Zeigt sich mir ein übler Clown,
enttarnt sich jetzt, stiehlt mir die Show.

Übel mitgespielt die Charaktere,
entwickelt sich weiter die Misere.
Entpuppt sich jetzt als verlornes Spiel,
weil lang schon wurd mir alles zu viel.

Hatten geprobt, Akt für Akt,
doch die Premiere wurde abgesagt –
aus Krankheitsgründen, so wurd vernommen,
für die Schauspieler keinen Ersatz bekommen.

Riesengroß nun das Desaster,
hoffnungslos, es fehlt der Zaster.
Für dieses Spiel Tagein- tagaus –
Bekamen wir niemals Applaus.

Das dunkle Land

Bin jetzt wieder angelangt,
hab erreicht das dunkle Land.
Hab von fern den Tod gesehen,
nicht zu spät, scheint zu früh gewesen.
Wenn ich meint', er könnt mich holen,
bleibt er mir bis dahin gestohlen.
Todeskuss und Engelslächeln,
küsst er mich, die Englein fächeln
frischen Wind mir ins Gesicht.
Goldenes Laub vom Wind verwischt.
Liebeskunst und Schicksalsbrunnen,
fern die Hütten, brennen bald.
Doch die Lieder lange klungen,
von Liebe sungen tief im Wald.
Nebel wallen, wollen klagen,
Wagenburg vom Wind getragen.

Rotes Blut

Hast Dich ohne Abschied aus dem Staub gemacht,
ahntest nicht, dass mir dabei das Herz zerbrach.
Fügtest mir zu eine Wunde – so tief,
die ewig klafft und offen blieb.

Das Blut, so rot es tropfte,
mein Herz beklommen klopfte.
In Erinnerung an Dich ich ewig hoffte,
dass Du bei mir bleibst, mich nicht verlässt.

Gestorben die Hoffnung,
lässt mich zurück ganz allein
in meinem Herzen lebst Du ewig mein.

Tiefer Schlummer

Bin erwacht aus tiefstem Schlummer,
holt mich ein, mein trüber Kummer.
Scheint nicht zu besiegen sein,
kriegt mich immer wieder ein.

Will mich wehren mit aller Kraft,
mich verzehren nach Lieb' und Saft.
Geh hinaus in meine Welt,
golden glitzert das Himmelszelt.

Weiße Puderwolken flimmern,
Sonnenstrahlen durch Äste schimmern.
Sieh! Buntes Laub wirft auf der Wind.
Lieblich schlummert ein kleines Kind.

Friedlich liegt es in der Wiege,
schaukelt leise im Gesang,
mit durchsichtigen Schleiern behang'.
Zärtlich gestreichelt voller Liebe.
Süß singt die Mutter dazu ein Lied,
das Kind an ihrem Busen lächelnd schlief.

Tor der Vergangenheit

Zwischen den Zeiten,
der Vergangenheit, der Zukunft, dem Jetzt
erschienen mir die Welten im Netz
der Phantasien, dem Sein, dem Werden
und dem, was war.
Auf Rädern reisen zu den Erden,
und hinterher sehen dem Treiben,
dem geheimnisvollen Lächeln eines alten Mannes,
der trug mit sich meinen Blick
für dreißig Jahre zurück.
Flüchtig schien für einen Moment das Glück,
nur der alte Mann und sein Lächeln
mir im Gedächtnis bleiben.
So, wie der junge Mann auf dem Rad.
Der tritt ins Pedal
und reist durch die Zeit,
die davon zieht, fort gleitet
wie die Wolken über den Dächern der Häuser.
Und die Büsche mit den gelben Blüten,
die wachsen vor den Türen
der Straße, hinter dieser Mauer
mit seinem Park und dem Tor,
hinter dem sich die Vergangenheit verlor.

Samenfädchen

Ein Samenfädchen durch die Lüfte fliegt,
ein Samenfädchen sich aufmacht
mit suchendem Blick.
Es sucht seinen Platz und das Glück,
wo es sich niederlassen kann.

So fliegt es auf und nieder,
schwebt langsam auf den Boden.
Und neues Leben erweckt es wieder.
Das neue Dasein jetzt beglückt –
die einstig gestrige Zeit,
verankert in der Vergangenheit.

Das Gestern und das Heute sind bereit,
sich zu vereinen
im allerschönsten Hochzeitskleid –
die Hochzeitsglocken läuten,
laden ein zum Hochzeitstanz,
leicht schimmernd im goldigen Glanz.

Fluss der Traurigkeit

Ich bin so furchtbar aufgewühlt,
fühle mich zerrissen
und unendlich müd.
Die Glieder schmerzen,
die Herzen bersten.
Ernüchterung hier und Leere dort.
Vor Kälte ich frier,
fühl keinen heimatlichen Ort.
Die Liebe verschollen,
wenn sich regt auch das Wollen.
Schnürt's mir zu die Kehle
und gähnende Leere
verletzt meine Seele.
Blutige Tropfen
verlieren alles Hoffen.
Der blutrote Fluss, er schwillt,
die salzigen Tränen fließen so mild.
Den Fluss der Traurigkeit nun dann,
die Flaschenpost von einst er verschlang.
Er trug sie mit sich fort,
die Matrosen sangen an Bord
und lauschten den verführerischen Sirenen.
Weit über dem Meer ihre Stimmen ertönen.
Die Sichel des Mondes sich biegt,
so wie das Schiff auf den Wellen sich wiegt.
Es schaukelt flüsternd im Wind,
so weit draußen singt es sein Lied.

Blaugraue Taube

Blaugraue Taube, gurrtest fröhlich und froh,
solang ich dich kannte,
warst schon immer so.

Mir nah wie eine Verwandte,
warst Du vogelfrei und flogst in die weite Welt.
Kamst immer zurück ins heimische Zelt.

Blaugraue Taube, nun fliegst Du davon,
verlassen hast Du mich lange schon.

Breitest aus die Schwingen, hebst ab in die Lüfte,
wo ich dich wusste und der Wind dich küsste.

Blaugraue Taube, lasse dich los und sehe dich ziehen,
im weiten Universum findest Du deinen Frieden.

Lichtjahre bist Du von mir entfernt,
doch weiß ich dich auf einem hellen Stern.

Jeden Abend und jede Nacht,
seh' ich dich am Himmel, wenn Du lachst.

Auf der Brücke

Auf der Brücke im dunklen Regen,
sah ich auf dem schwarzen Fluss
zwei Boote sich bewegen.
An den Regen, der Pause macht,
erinnert mich dein zarter, samtiger Kuss.

So hab ich gedacht,
ein paar Minuten lang,
war da der Himmel,
der rot über mir stand,
im Lichtermeer ward' er aufgerissen.

Stieg vom Rad und
schaute verzückt aufs Wasser.
Mein Blick fiel hinab zum Kanal –
Der Regen sank mit zarten Erinnerungsküssen,
die fort strömten mit den wilden Flüssen.

Schwalben

Am Himmel fein sehe ich ein fedriges Gebilde,
lang und schmal verzweigt,
mit kreuzenden Armen es auseinander fließt.

Es fließt auseinander und erinnert mich,
erinnert mich an deinen Körper,
deine innere feine Linie,
die blutrot platzend zerströmt,
und im Innern deines Körpers versiegt.

Die blutrote Flüssigkeit bewegt sich flutend,
driftet auseinander – wie nach einem Schuss.
Traurig hab ich nun gewusst,
das schmerzliches Erzittern und Beben,
Dir jetzt genommen dein Leben.

Zwitschernde Schwalben,
fliegende Kormorane trösten mich nicht.
Am Himmel sie fliegen,
tauchen ins Meer. Weit draußen seh ich
den blutigen Sonnenuntergang liegen.

Unsere Körper sich einst innig aneinander schmiegten.
Das Rauschen des Meeres gibt Dich nicht mehr her.
Weit draußen seh ich ein Schiff,
hörbar eine donnernde Kanone,
in dunklem schwarznächtigem Gefecht.

Urplötzlich blitzt es hell über dem Firmament,
aufsteigende glitzernde Sterne sprühen weit.
So weit, suchten sie vor langer, langer Zeit
dein lächelndes Antlitz mit den graublauen Augen.

Getrocknete Tränen

Meine Tränen nun getrocknet sind,
in den Baumwipfeln weht ein leiser Wind.

Hab den Liebsten einst getragen zu Grabe,
vergangen sind unzählige Tage.

Wurd' mein Herz mit Tränen gespült,
habe mich lang so traurig gefühlt.

Der Liebste wurde mir aus dem Herz gerissen,
er ruht jetzt sanft auf Daunenkissen,

welches wurd ins Gras gelegt,
gülden glänzt der künftige Weg.

Für immer

Ich denke nicht mehr jeden Tag
an das traurige Erlebnis,
das mein Herz zerfraß.

Lang zurück liegt die Vergangenheit,
nur Narben zeugen von jener Zeit.
Ohne Abschied gingst Du fort von mir,
an dunklen Tagen ich immer noch frier.

Mein Herz war verblutet,
das Blut wurd' gestillt.
Im Herzen trag ich
für immer dein Bild.

Wandlung

Du wandelst Dich
und begegnest mir,
mal bist Du ein Frosch,
dann ein wildes Tier.

Erst bist Du zahm
dann ein fauchender Schwan.
Bist scheu wie ein Reh,
und wild wie ein Falke,
glutvoll spuckst Du wie ein Vulkan.

Oh, Wunder Du begegnest mir,
leuchtest klar wie ein Diamant,
warst mal schroff,
dann wieder charmant.

Leuchtetest rot wie Rubin,
blau wie ein Achat vorhin;
die leuchtende Kraft,
suchst Du Dir selbst,
ganz so, wie Du es magst
und strahlst in meiner Phantasie.

Hell leuchtend blickten die Sterne
vom nachtschwarzem Himmel –
und ein aufbäumender Schimmel
trabt am Strand entlang.

Mal warst Du schwach,
einander Mal stark,
ich liebe Dich für immer,
egal wer oder wie Du warst.

Rasender Roland[14]

Romantisch tönt der Ruf der Lokomotive,
posaunt die Klänge der weiten Welt.
Das Rattern der Räder im Getriebe
bläst graublaue Wolken in die Luft,
so wie eine Seifenblase platzend, verpufft.

Der Rasende Roland – so wird er genannt,
seit dem Jahre 1895 zuckelt er durchs Land.
Die Bäderbahn auf Rügen –
ihr Weg führt direkt ins Inselvergnügen.

Station für Station rattert sie auf den Schienen,
durch idyllische Orte und dichten Wald,
mit pfeifenden Ton, dessen Echo weit hallt.
Steig aufs Trittbrett, lehne mich weit aus dem Fenster.
Der Fahrtwind weht mir ins Gesicht.

Die Dampflok, sie schnauft und schnieft,
und das Pfeifen der Bahn,
rührt mich an, so tief.
Hinterlässt Erinnerung und Gänsehaut,
an deinen Körper, den ich umarm.

Und im feuchten Nebel
seh ich deine Lichtgestalt,
fühle, wie sie näher kommt.
Spüre die Luft, so kalt,
und den Sand, vom Winde verweht.
Doch die Bäderbahn sich noch heut'
auf den Schienen bewegt.

Wenn dieses Buch traurig ist....

Auch wenn dieses Buch traurig ist,
so hab' ich es geschrieben –
in Erinnerung an dich.
Leise Worte und schmerzvolle Gefühle,
wenn dann mein Herz wieder verfiele –
in eine nach innen gekehrte Welt
voller heimlicher Tränen.
Dann, wenn wir uns liebevoll
aneinander lehnen,
ja, dann – lebst du für immer –
in meinem Herzen.
Bis die letzte Hoffnung sich erfüllt,
und all' die tiefen Wunden
aus dieser Zeit
eines Tages weniger schmerzen.

Verzeichnisse. Hintergründe

[1] Seite 12   Der Liepnitzsee ist ein wunderschöner See in Bernau im Bundesland Brandenburg, bei Berlin gelegen. In der Mitte des Sees befindet sich eine Insel, auf welcher ein Naturzeltplatz (Verein) beheimatet ist. Dieser war schon seit Bestehens der DDR dort beheimatet und ist damals wie heute unter Campern sehr beliebt.

[2] Seite 15   Angelehnt an den Song von Silly, einer deutschen Rockgruppe, die sich vor allem in der DDR einem hohen Bekanntheitsgrad sehr erfreute. Aber auch in der heutigen Bundesrepublik hat die Gruppe durch ihre musikalische Qualität viele, viele Fans.

[3] Seite 21   Vitte, Ort auf Hiddensee

[4] Seite 36   Ahlbeck, der Ort auf Usedom an der Ostsee-Küste, an dem der deutsche Kaiser damals oft verweilte (Die drei Kaiserbäder auf der Insel Usedom sind Ahlbeck, Heringsdorf und Bansin).

[5] Seite 37   Usedom ist die Insel an der Ostsee, die als die sonnenreichste Region Deutschlands mit durchschnittlich 1917 Sonnenstunden jährlich bezeichnet wird. Sie ist eine in der Pommerschen Bucht der südlichen Ostsee gelegene Insel, die größtenteils zu Deutschland und zu einem kleinen Teil zu Polen gehört. Die Fläche beträgt 445 km² (deutscher Anteil 373 km² – polnischer Anteil 72 km²).

[6] Seite 37   Heringsdorf, Kurort auf Usedom an der Ostsee

[7] Seite 37   Zinnowitz, Kurort auf Usedom an der Ostsee

[8] Seite 37   Zempin, Kurort auf Usedom an der Ostsee

[9] Seite 37   Stadt in Brandenburg bei Berlin

[10] Seite 37   Berlin, Hauptstadt Deutschlands

[11] Seite 37   Waren, Ort Norddeutschlands in Mecklenburg Vorpommern

[12] Seite 64   Berg in Koserow, Ort auf Usedom

[13] Seite 74   Hotelanlage im Orteil Koserow, Kurort auf Usedom

[14] Seite 196   Der rasende Roland – die sogenannnte Bäderbahn auf Rügen, die seit dem Jahre 1895 in Betrieb ist und sich seitdem unter Kurgästen wie auch der einheimischen Bevölkerung großer Beliebtheit erfreut.